南宋故事

一口气读懂中国史

将进酒·黄　著

人民东方出版传媒
東方出版社

南宋大事记

公元 1127 年　宋高宗仓促登基，南宋开始

公元 1163 年　宋孝宗即位

公元 1189 年　宋光宗即位

公元 1194 年　宋宁宗即位

公元 1206 年　韩侂胄北伐、成吉思汗统一蒙古

公元 1224 年　宋理宗即位

公元 1234 年　宋蒙联军灭金

公元 1260 年　元世祖忽必烈即位

公元 1264 年　宋度宗即位

公元 1271 年　宋恭帝即位

公元 1276 年　元朝攻陷南宋都城临安

公元 1279 年　南宋灭亡

目录

第一章　和与战

最潦草的登基　2
宗泽之死　6
超级间谍宇文虚中　11
赵构渡江　16
“苗刘兵变”　20
黄天荡惨败　24
刘豫“被称帝”　28
秦桧归来　32
顺昌保卫战　36
岳飞大破拐子马　40
“莫须有”　44

第二章　和平岁月

“疯狗”完颜亮　50
赵构试皇储　54
采石之战　59

太上皇“干政” 63
孝宗是个好领导 67
孝宗皇帝的“长城” 71
二十天的北伐 75
汤思退的诡计 79
孝宗与虞允文 84
范成大出使金国 88
辛弃疾盖军营 92
朱熹审案 96

第三章　权臣当道

“不孝子”光宗 102
“虎妞”李皇后 106
赵汝愚立皇帝 111
韩侂胄搞赵汝愚 115
大马屁精赵师择 120
“开禧北伐” 123
“吴曦之变” 127

韩侂胄之死 131
“罗日愿事件” 135
成吉思汗横空出世 139

第四章 大仇得报

金宣宗南侵 144
史弥远的美女间谍 148
湖州之变 152
陈寅守西和州 156
“忠义军”不忠义 160
拖雷借道 163
史弥远坟墓风波 166
蒙古灭金 170

第五章　最后挣扎

端平入洛 176

宋理宗召妓 180

上帝折鞭 183

“李璮之变” 187

“周公”好辞职 191

襄樊之战 195

贾似道出征 199

郑虎臣谋杀贾似道 203

“宋张弘范灭宋于此” 207

忽必烈五劝文天祥 212

引 子

北宋之后即南宋。南宋是北宋的缩小版、衰弱版、退化版……总之，形容一切可怜之人的各种词语，几乎都可以套用到南宋政权的头上。

如果说北宋还有一些光明和舒畅的时刻，那么南宋就好比一个人受尽磨难的一生，也是人之弱点体现得最多的一生。整个南宋的历史，就是在“和还是战”的痛苦摇摆中，以及打又打不过、求饶又不甘心的愤恨中，挣扎、抑郁而终。

可怜之人，必有可恨之处。南宋的可恨之处就是放着人才不能用，从皇帝到大臣，整个朝廷都长于窝里斗。这是一个没有希望的政权。

有句话说，历史不忍卒读，说的就是南宋这样的历史。但不忍读也必须读，这是一部生活磨难书，自强者可以从中获得勇气和力量！

第一章　和与战

最潦草的登基

公元 1127 年，金兵攻下了北宋都城东京（今河南开封），搜刮尽金银财宝后，他们就押着宋徽宗、宋钦宗等北宋皇室几乎所有的人，撅着尾巴回北方老巢去了。这就是“靖康之变”，后人痛心地称之为“靖康之耻”。

留下来替金人打理中原地区的，是一个叫张邦昌的北宋大臣，金人扶植他做了楚帝。

张邦昌撅着屁股恭送金兵绝尘而去后，起身回了金銮殿，坐在皇帝宝座上，心里很是兴奋、激动：这块地盘以后就是我的了，哈哈，想不到我老张临了，还做了回皇帝。哈哈，过瘾。

“相爷。”这时一个声音叫道。谁？谁还在叫我相爷？我现在可是皇上。张邦昌一听龙颜大怒，一看，原来是大臣吕好问，便压了压火，说道：“爱卿有工作要汇报？”

“相爷，您难道不觉得这个位子不好坐吗？”吕好问看着张邦昌发愣的样子，继续说道：“全国人民可都在看着您呢。他们

庙堂真相

开封人的买命钱

金军打进开封，提出赔款要求：金五百万两，银五千万两。金军又抓了一大批女人，明码标价地索要赎金：皇帝妃子、亲王妃子的赎金是一人一千锭金子，其他宗室女人是一人五百锭金子，官员贵族家的女人每人二百锭金，一般良家妇女则是每人一百锭银子。

向来是痛恨汉奸胜过痛恨金人的。因为他们打不过金人，只能咬咬牙、跺跺脚、骂骂娘。对您，他们不仅会恨，而且会打的。况且，更重要的是——”吕好问说到这里一顿，好让张邦昌因为年老而变得有点迟钝的大脑得以慢慢思考。谁知张邦昌反应很快，问道：“更重要的是什么？”

“更重要的是各地勤王兵马都陆续赶过来了。一听说您投靠了金人，纷纷发来书信，说要是您不把政权还给赵家的人，他们就过来把您打倒在地，再每个人踏上一脚。”

果然是很重要的消息。张邦昌刚才的兴奋烟消云散，额头渗出汗来了。他带着很诚恳的眼神问吕好问：“那我们该怎么办呢？”

“请赵家人出来主持大局。”

张邦昌觉得这是个馊主意，因为赵家的人都被金人捆走了。

吕好问提醒他：“还有康王赵构。”

“对啊！”张邦昌心想，我怎么把这么个重要的人物给忘了呢？想当初，我们一同出使金营，可是患难兄弟，交情还不错。把政权给他，应该不会有大的危险。

心动不如行动，张邦昌急忙发布了一道命令，请还留在宫里

野史秘闻

赵仲湜不即皇位

赵仲湜，宋朝皇族，北宋徽宗、钦宗二帝被金军掳走后，将领们准备拥戴他称帝，但赵仲湜始终不同意。部下准备登基用的黄袍，赵仲湜拿剑就砍，并说：“自会有真命天子出来。”部下不死心，赵仲湜用剑割发明志。部下还是不死心，赵仲湜急得都要举剑自杀了，才约定再观察一个月。不久高宗即位，众人才彻底死心。

的宋哲宗的废后孟氏——元祐太后出来主持大局，一边派人去迎接赵构回京。康王赵构当时正在济州，接到东京使者的来信，得知父兄和全家大小都被抓去了北方，心里咯噔一下，哭出声来："我的老爹、老妈、老哥呀……"眼泪哗啦啦地流了下来。使者一见这阵势，有点慌张，结结巴巴地说道："王爷，王爷，事已至此，请王爷忍痛下决心，早作决定。为全国人民着想，为祖宗着想，请王爷回京，立刻回京，继承家业。"

赵构坐了下来，一边抽泣，一边在心里慢慢盘算：这事不能操之过急，我要以德服人。东京这个地方嘛，太危险，听说还有些金兵没走，不能过去。

在把使者打发走之后，赵构叫来几位大臣商量。

七十多岁的老臣宗泽最先提出自己的看法："王爷，继位事大，但也得名正言顺。张邦昌投降金人，罪大恶极，应该先讨伐他。把他打倒了，这事也就顺理成章了。"

宗泽说得有理，但赵构被金人的铁蹄吓傻了。如果打张邦昌，金人肯定要帮忙，赵构打了个哆嗦，很多人都明白了：赵构只想当皇帝，没想过打仗。

庙堂真相

张邦昌

张邦昌是北宋进士，河北人，在北宋时，先后经历了皇家教师、州长、礼部侍郎（教育部副部长）、中书侍郎（副宰相）等多个重要工作岗位的历练和考验，公元 1126 年官居宰相。在长达数十年的领导生涯中，他居然没有一件像样的事情被记载下来。这大概就是金人把他推到前台的原因——"够无能"。张邦昌共做了三十二天的皇帝，付出的代价是被高宗赐死。

不想打仗，赵构的好运气也有。几天后，东京的元祐太后发出了诏书，宣告天下，说赵构可以继位。各地的实力派也纷纷来信，劝说他赶快即位，领导大家把大宋事业继续经营下去。济州的人民也涌到他的住地来表忠心。张邦昌又派人把传国玉玺、皇帝用的车辆、衣服和其他物品都送了过来。赵构觉得，这就有点意思了。于是，当年的农历五月初一，赵构带领一帮大臣来到应天府（今河南商丘），登基为帝。

这是一次匆忙的、潦草的即位，没有辉煌的宫殿，没有前呼后拥的队伍，没有风光的朝拜。受命坛是临时垒起来的，肯定不如东京的九层高台让人站得高、望得远。没有欢天喜地的热闹，没有皆大欢喜的赏赐，只有赵构的哭泣。他想起了他的爹、他的娘，以及金兵随时可能针对他的追击。但为了大宋社稷，他委屈了自己，心字头上一把刀——他忍了。

赵构即位，成为南宋第一任皇帝，即宋高宗。

向历史借智慧

诱惑面前先掂量自己的能耐

张邦昌自动让出皇帝宝座，这种情况，历史上仅此一见。人都难免有贪婪之心，在巨大的诱惑面前，很容易迷失本性，忘了自己有几斤几两。张邦昌这个人没什么本事，被扶到皇帝这个烫手的位置上也不是他主动要求的，但他还不算糊涂，知道这位置不是自己能坐得了的，所以赶紧顺坡下驴，请赵构出山。但即使是这样，他仍要为自己三十二天的“皇帝生涯”付出代价：赵构即位后，逼张邦昌自杀了。

宗泽之死

赵构登基后，把东京交给了老臣宗泽，任命他为东京留守。如果从字面意思来看，留守，就是留下来看守。至于看守到什么时候呢？领导没有明确指示。不过看高宗急着要往南方去的样子，短时间内肯定是不想回来看望、拜祭他的祖宗了。

宗泽是文臣，却有着一般武将都没有的胆识和谋略，与金兵作战胜多败少，金兵都害怕他，叫他“宗爷爷”。同时，他又有着文臣的倔脾气，坚持要高宗还都，不停地给高宗写信，要他回来。

“要让皇上回来，就得先把东京治理好了。”宗泽在去东京的路上不停地思考着这个问题。

一下马车，他去东京各处走了走，看了看情况——非常糟糕，完全是一个烂摊子。宗泽有点心痛，但把东京搞好的想法更坚定了。宗泽是一个不怕困难、迎着困难上的人。

他开始着手基本的防务工作。城楼被毁坏了，修；强盗小偷横行，杀；金兵还没走完，防；防守的工具、打仗的武器缺乏，造；

野史秘闻

看看你在不在这五姓中

元朝太师伯颜，曾经向皇帝提了一个极端荒唐的建议，就是把全国张、王、刘、李、赵这五姓的汉人都杀光。幸好元朝皇帝没有犯和他一样的糊涂。伯颜一向仇视汉人、排斥汉文化，为了不让汉人做官，就下令废止科举。他还曾向皇帝建议：陛下的太子可千万别教他识汉人字、读汉人书、跟着汉人学坏了，“汉儿人读书，好生欺负人”。

百姓种田的工具没有，发；经商的货物过不来，开凿河道，引。经过他这样一番治理，东京城渐渐有了点人气、生气。

宗泽做的最重要的一件事，就是把各地的义军招集起来，进行联合，一起投入抗金大业。当时，黄河上下游的义军多如牛毛，大的如王善有七十万人马，杨进有三十万，其他的也有七八万，加起来上百万。

如此众多的人马，干吗不用来抗金呢？在别人眼里与朝廷作对的贼匪，在宗泽眼里却是抗金的义军。大家都有一个共同的梦想，那就是抵抗金兵，保家卫国。宗泽是这样想的。于是，他单枪匹马去了王善军队驻扎的地方，希望能劝说他们归顺朝廷，至少别跟大宋朝廷过不去。

王善一听说宗泽来了，问亲兵："来了多少人？""一人一骑。""大将风范，我服了。"王善向来敬佩宗泽，这时佩服又加深了几分。

"吩咐下去，叫大家都来见宗大人。"王善对亲兵说道。"得令。"亲兵去了。

"宗老将军，您看，您何必如此辛苦，亲自跑过来看我们呢。

野史秘闻

"泥马渡康王"

"泥马渡康王"是民间流传已久的一个故事，版本众多，大致说的是：康王赵构遭金兵追击，逃到黄河边，什么船也没有，只在一座古庙里找到了一匹马，康王骑上去后，马就猛跑起来，驮着康王渡过了黄河；脱险后，康王才发现刚才骑的这匹马，原来是一匹泥马，马身上还湿淋淋地滴着水珠。这事说得神乎其神，大概是高宗为自己打气而编出来的故事吧。

您叫人带个信，我们过去就行。”王善带领众将把宗泽迎进了大营。

“王将军言重了。我名义上是东京留守，但人马疲弱，经不起金兵的冲击，更不敢对众英雄大呼小叫，颐指气使啊。”宗泽温和地看着王善，谦虚地说。

“宗老将军，您这么说可是折煞我们了。您的英名我们早就听过，金人一听您的名字逃命还来不及，哪敢来侵犯您啊？”王善顿了顿，又问道，“不知老将军这次来有什么需要我们帮忙的？请尽管吩咐。”

“王将军，你们都是英雄豪杰，当初金兵来犯，朝廷如果有你们在，哪怕只是一两位，也不会是今天这个样子。但你们把好好的青春浪费在打家劫舍上，我私下认为不是很好啊。”宗泽看着王善等人，循循善诱地说道。

“请老将军指示出路。”王善一脸诚恳地说。

“现在新皇即位，一心想要打跑金兵，恢复大宋河山，这正是你们建功立业的好机会。请大家加入我们的队伍，一起为国家的复兴富强而努力。”宗泽说着说着有点激动起来。他想起了金人的残暴，想起了被蹂躏的土地和人民，不禁流下泪来。

庙堂真相

赵构也曾勇武

北宋末，宋金谈和，要求宋朝出一亲王为人质。做人质当然不是风光而安全的事情，一时诸亲王无人敢应，只有康王赵构主动站出来请命。史载康王“英明神武”，有老祖宗赵匡胤之风。出发前，赵构还悄悄跟皇帝说：“假如哪天朝廷想跟金国翻脸了，千万不要担心我这位人质的性命，该咋办就咋办。”随行副使张邦昌害怕得哭起来，赵构还鼓励他：“男子汉就当为国分忧，你怎么可以这样呢！”

王善等人听着，心潮起伏。他们被打动了，接受了宗泽的建议：“我们愿意加入朝廷队伍，为抗金和复兴大宋效力。”

“抗金！复兴！”王善全军上下也振奋起来，一齐高呼。

收服了王善，其他的义军就不成问题了。宗泽派人带着他的亲笔信一一拜访了杨进等老大，杨进等人纷纷表示愿意加入队伍或愿意联合，一切听从宗泽调遣。

于是，大批人马来到了东京城。宋人的军队宋人爱，东京百姓欢天喜地，夹道欢迎。宗泽为了安置他们，又为了防守，在东京城外修建了很多营房。又沿着黄河修筑了很多营寨，把黄河上下游的义军、民间抵抗组织都连了起来，形成了一个以东京城为中心的网状防御体系。

金人胆敢再来侵犯，我就要让他们陷入处处抵抗的汪洋大海——看着这形势，宗泽心里高兴地想。

于是，他一边抗击来犯的金兵，一边给高宗写奏折，前前后后共写了二十多封。每一封都饱含深情，每一次下笔都带着浓浓的感情，写来慷慨激昂，读来荡气回肠。但高宗就是没有一点反应，连一封回信都没有。失望气恼之下宗泽病倒了，不久，就去世了。

名臣风骨

“酷吏”宗泽

宗泽（1060—1128），出生于农家，进士出身，曾担任馆陶尉，与当地盗贼绝不谈判，坚决痛击，对捉回的盗贼一律处斩。慈悲大臣吕惠卿提醒他：“你这个方法的确好，但不知你读过佛书没有，人命关天，岂可如此轻杀？况且，你这不符合国家法律精神啊。”宗泽不理他。

王善、岳飞等部将前去吊唁，问老将军死时可有遗言。家人说，老将军什么都没说，只连喊了三声："过河！过河！过河！"众将一听，知道这是宗泽希望宋高宗过黄河，收复失土，于是，一齐跪倒，痛哭起来。

宗泽去世后，东京城人亡政息，大批义军又慢慢散去，东京城之前的璀璨，成了昙花一现。

向历史借智慧

有求于人的正确态度

人在屋檐下，不得不低头，既然是去求人，就得做出求人的姿态。战国时齐国国君田地，国家灭了，他被迫流亡。先是流亡到卫国，卫国君臣热情招待，他却拿人家当佣人，于是卫国人不给他提供吃喝了；他又逃到鲁国，要求鲁国国君亲自下厨，并伺候他吃饭，鲁国人关起门来不理他；他又逃到邹国，邹国正在办国丧呢，田地又去摆谱，邹国把他赶走了；最后，田地被楚国人抓住，以剥皮抽筋之刑处死。

超级间谍宇文虚中

公元1128年，畏惧金兵追着他跑的宋高宗觉得实在不好受，决定还是议和，于是下诏书选派使者北上。但当时宋金还处于战争状态，议和的名声又很不好听，吃力不讨好，谁愿意去呢？没有人愿意去。有一个人却反常地站了出来，说自己愿意北上出使金国。他叫宇文虚中，是宋徽宗时期的资政殿大学士。

高宗皇帝很高兴，令他带了批使者去找金人谈判。当时的宋金形势是，金攻宋逃，处于进攻态势的金人根本就没把南宋放在眼里，一心想抓住赵构，再灭掉一个大宋，所以对和谈提不起任何兴趣来。他们对前来的使臣们说，你们还是请回吧。使团的其他人员都回去了，可宇文虚中决定留下来。他的借口也很堂皇："我奉命北上迎接徽、钦二帝，不接到二帝我是不回去的。"金人也懒得理他：爱留不留。于是宇文虚中就自己一个人留了下来。

此时的金国，已占领了大片中原地区，因此需要大量的汉族官员。宇文虚中才华出众，书法非常漂亮，诗词歌赋样样精通，

名臣风骨

成大事者有大谋

宇文虚中（1079—1146），成都人，奇人。宇文虚中沉心潜伏数十年，在金国联络了一帮反金分子，建立起了一个庞大的情报网，官位高居金朝廷"国师"，真是了不起。可见成大事者须有大谋，可惜他不负朝廷，但朝廷负了他。宋孝宗时，南宋为宇文虚中平了反。

在宋朝还担任过高官，交流广泛、人际关系很好的，他很快引起了金人的注意，得到了任用。宇文虚中表现得很爽快。之后，他官越做越大，成了金人的“国师”。这样平静、荣升的日子过了十多年。十多年后的一天，南宋朝廷收到了一封蜡丸密信，信里说已制订了周密计划，准备接钦宗回国，请求朝廷派人接应。高宗一看密信署名，就掂量出了信的分量，相信这不是为了邀功而胡说八道。

但就是因为这样，高宗很为难。钦宗虽是大哥，但政治场上没有兄弟，只有利益。大哥回来，自己该去哪呢？不让位吧，文臣们会大义、孝悌地说个没完；让位吧，这个位子还是很舒服的，就是跟着自己打江山、东躲西逃的一群人也不答应啊。高宗思前想后，左右为难。

知道密信内容、了解高宗内心想法的宰相秦桧诡秘地对高宗说：“咱们现在和金国都议和了，这样的事就最好不要让它发生。”

高宗看了秦桧一眼，说道：“我也是担心这样的事一发生，金国就会抗议，和约就白签了。你可有什么好的法子？”

“我们隔了这么远，鞭长莫及，当然无法阻止。不过我们可

庙堂真相

敌人兀术

金国大元帅兀术，原名叫完颜宗弼，太祖完颜阿骨打第四子。他是大宋朝廷最恨的敌将之一，是金国主战派的首领人物，曾两次攻北宋，并将其灭亡，后又多次南侵南宋，战功赫赫。在民间传说中，他是个罪恶滔天的坏蛋，最后被岳飞打得号啕大哭，气得七窍生烟，结果气死了。实际上，他在金国当了很多年太师，在享了多年富贵后，病死于公元 1148 年。

以把这封信转交给金国，说这样的事太荒唐，我们根本就不相信，为了和平，为了不给两国关系留下阴影，我们就请金国查查，有没有这么回事。”秦桧说道。

高宗皇帝大喜过望，立即叫秦桧去办。过了一段时间，这封蜡丸信就出现在了金国大臣兀术的案头上。兀术脸色蜡黄：想不到啊想不到，想不到我们的“国师”——宇文虚中——竟是内奸！

原来，宇文虚中一直心向母国，身在金营心却在宋，并没有真正投降、叛变。他始终没有忘记自己的使命，而是采取了另外一种方式——卧底金国，传递情报。随着他的官职越来越高，他获得的情报也越来越机密，对南宋的作用也越来越大。他还利用金国人的心理——文臣不愿再打仗，武将觉得捞够了，想歇下来享受享受——经常劝阻金国攻打南宋。

兀术感到有点棘手，这件事不好处理。宇文虚中是金朝提拔起来的南宋降臣，有“国师”之名，是降臣中的榜样，杀了他，会引起降臣的猜疑，使他们恐慌。而且，在自己率军的几次南征中，为了加速征服南宋，还使用了大批的南宋降臣。如果公布宇文虚中的间谍身份，自己也会受到政敌们的指责、攻击。那样，自己

野史秘闻

高宗怎么减压

国难深重，高宗赵构称帝后，表示压力很大，幸好内宫有位菊夫人能歌善舞、精通音律，常为高宗演出歌舞消遣，缓解压力，人送此女绰号“菊部头”。也有一种说法，菊夫人在宫里不受待见，称病出宫，嫁给官员陈某，后来高宗想欣赏歌舞，没一人能让他满意。有人推荐菊夫人，一试，果然美妙非常，高宗大为欣赏，让菊夫人二进宫。只是这下幸福了高宗，却可怜了陈某，痛失最爱。

就不好下台，说不定还得拱手交出实权。

怎么办呢？兀术想到了他的政敌——属于保守派的右丞相宗固。因为朝廷中的很多人都知道宇文虚中恃才傲物，对女真族官员非常不谦虚，动不动就骂他们是粗人，得罪了一大批女真族达官贵人，尤其是金朝保守派的人，对他更是恨得牙根直痒痒，恨不得把他撕碎了喂狗。兀术暗示宗固，宇文虚中可能有问题。于是，果然就有了问题。

宇文虚中平时没事就喜欢写东西，这些文字难免有“逆上”之词，正好被这些人捉了个正着。但经宇文虚中一解释，这些人又找不到罪证了。

有人就跑到宇文虚中家里，把他的书房翻了个底朝天，然后说，你就是想用这些书造反！

宇文虚中淡淡地回道：“别搞这些。我如果死了，那是命。你们拿这些书籍搞什么鬼，如果真是这样，南来士大夫家家有之，许多人家的书比我的还多，难道都是在造反？”

金人见他有死的心了，就把他的全家老幼上百口人聚到一起，在周围点起一把大火，宇文虚中和他的家人就这样被活活烧死了。

名臣风骨

宁作赵氏鬼，不为他邦臣

大臣杨邦乂，年轻读书时，从不出入酒楼茶坊风流地。一次被同学骗去喝酒，说是友人家，实际是青楼，杨邦乂开始不知道，等看到妓女花枝招展地走出来时，吓了一跳，急忙跑回学校，把衣服脱下来烧了，一边烧一边痛哭不已。公元1129年，金兵打进建康，杨邦乂不肯投降，血书“宁作赵氏鬼，不为他邦臣”，最终被金人剖腹取心而死。

这件事发生在公元1146年的农历六月，一代巨谍宇文虚中，就这样被他忠心耿耿所效劳的南宋朝廷出卖而惨死了，死后还不断被人误解、抹黑。

向历史借智慧

宁被太阳晒，不躲阴影下

间谍做不得，无间道不好玩，宇文虚中的故事更让我们明白：宁可因为堂堂正正站在太阳下被晒伤，也不要选择躲躲闪闪在不能见光的阴影里。在阴影里待久了，即使始终怀有一颗热爱阳光的心，某一天想走出阴影时，却未必会被阳光里的那个世界接受。工作中是这样，爱情中也是这样。如果领导让你去别的领导手下做卧底，想想后果吧，无论他许诺你多少好处，你都一定要拒绝。

赵构渡江

高宗登基不久，金兵就以张邦昌被废为理由，分几路进攻南宋。高宗连忙躲避，南下到了扬州。

当时的宰相是汪伯彦、黄潜善，他们一边派人与金议和，一边主张继续南下避开兵锋。

高宗对汪、黄两人很是信任，把朝政交给了他们。但两人除了打击异己，就是饮酒作乐，别说抗金，连组织力量保卫刚刚建立起来的南宋小朝廷的事都懒得动心思，对前线的消息能瞒的就瞒，不让它们去打扰高宗。

但风雨飘摇之时，哪有安乐窝？就在这时，灾难发生了。

建炎三年（1129年）二月，金兵攻下了徐州，长驱南下。宋军毫无斗志，不是一触即溃，就是望风而逃。金兵风驰电掣般扫过淮阳等地，一口气直接冲到了扬州附近。

当时，汪、黄正带着一班官僚在听高僧“说法”。突然，一个人跌跌撞撞闯了进来，喘着粗气汇报：“相爷，金兵打过来了！”

庙堂真相

宋朝多苦命皇帝

钦宗是徽宗的长子，高宗赵构是徽宗的第九个儿子，这兄弟俩都是苦命皇帝。钦宗皇帝没做两年，就被押去了东北受苦受难；高宗登基时才二十一岁，此后十来年都是在金兵的追赶中东奔西逃，心灵饱受创伤。据说有一天他突发感慨，说我才三十来岁，头发却白了大半，这皇帝当得容易吗？

汪伯彦正在学习，所以很不高兴，立刻让人把报信的拉出去了，对座上的人说：“各位大人要是相信他的话可以先走。”

其他的官员附和地笑笑，一个人也没动。

没过一会儿，那人又跑了过来，但在门口被拦住了。他只得大声喊：“大人，皇上已经出了扬州城。城外守军已经和金兵交上了手。”汪伯彦听得吓了一跳。连皇上都跑了，看来是真的——得赶紧走。

还没等他想清楚，请来的大小官员、官员的随从和相府的家人都叫喊着乱跑起来，相府顿时乱成一片。

高宗那天清晨正高卧酣睡，一个叫康履的宦官头头儿进来把他推醒了，说军情紧急，金兵正奔袭过来。高宗大吃一惊，睡意顿消，从床上一跃而起，急急忙忙套上衣服、甲胄，跳上一匹战马，向城外逃去。当时护驾的只有康履等五六个人。

逃到一个路口时，一个士兵发起牢骚来，对高宗出言不逊，嘟囔着，正是因为高宗重用了汪、黄等人，才造成了这样的局面，这是自讨苦吃、活该之类的话。

高宗当时脑子完全一片空白，只知道跑路，听了士兵的话心

名臣风骨

汪伯彦与黄潜善

黄潜善十八岁中进士，官至户部侍郎（民政部副部长），“靖康之变”时，他与汪伯彦、宗泽共推赵构登基。汪伯彦同样是进士出身，“靖康之变”时，担任相州（今河北临漳）州长。汪、黄二人是绝对的主和派，“靖康之变”前，河北各地地方官都出人出力抵抗金军，只有他二人隔岸观火。1128 年，二人分别被任命为左右宰相，高宗晃着脑袋说：“有这二人做宰相，我还愁有什么国事处理不好呢？”

里一惊，很自然地想起了唐朝玄宗时的“马嵬坡兵变”来——这还了得，简直反了。高宗心里先是打了个激灵，接着就气不打一处来，抽出宝剑，一剑将那个士兵刺死。

等高宗跑到长江边上的瓜洲镇，情况一样糟糕。官员、官船都不知跑到哪里去了。真是大胆——高宗心里很是气恼。民船少得很，不知是不是听到风声大部分已经过江去了。几万难民挤在那里争渡，高宗想靠近船只都没办法。

怎么没人动脑子来发点国难财呢？不然，我就花黄金万两，把船给包下来——高宗又气又急。

突然，百姓一阵骚乱，原来有一两只船划过来，但还没等靠岸，一群人就跳下水，往船那边游过去，游近了攀着船沿往上爬，七手八脚的，弄得船在江中直打转。

高宗听声音一惊，以为金兵追过来了，而身边就那么几个没用的人。等他看清楚时，更多的难民涌了过来，渡口更加混乱了。

这么多难民，金人不知有没有跟过来。高宗心里又紧张起来。真是风声鹤唳，一息数惊。

随行的一位大臣终于找到了一只小船，拿出重金，才让高宗

高堂真相

“可惜‘二圣’放在脑后”

高宗皇帝口头上说是要积极迎回被金军掳去的徽宗和钦宗两位，但内心里其实并不情愿。当时军队的军旗，绘有两个圆环，二环交扣，谓之二胜环，谐音“二圣”，取意打退金兵、迎回二圣的意思。有人把二胜环雕琢成帽环，美轮美奂的，献给高宗。高宗很喜欢，跟人显摆，边上有人说了句：“好看是好看，就是把二胜环放在脑后了。”（二环位于帽子后方）一语击中高宗心事，高宗顿时无语。

一个人上了船。这人不会认出我，把我献给金人吧？高宗在船上胡乱想着，盯着划桨的人，双手紧紧抓着船沿。

到了对岸，就剩高宗孤零零一个人了。他进了岸边的水帝庙坐着休息。唉，终于过来了，刚才差点失禁。但形势这么乱，会不会有人过来打劫呢？高宗还是有点不放心。

还好，不久镇江知府就得知了皇帝驾临的消息，派兵把他迎到了府里。还是这儿宽敞、舒服。有大兵守护，应该安全了。高宗稍稍安下心来。

不久，百官也陆续来到。讨论了一番后，高宗决定去杭州。

这一路的惊吓使高宗身心极度疲惫，不久，他就失去了生育能力。而他唯一的皇子，由于一路颠簸，得了重病，一天，在睡梦中，竟被铜炉倾倒的一声巨响给吓死了。

儿子没了，自己又无法再生育，社稷将后继无人。高宗心情坏到了极点，心里落下了阴影，成了一个谁都不能触碰的心结。后来，南宋一些武将的悲剧，有的就跟这个心结有关。

向历史借智慧

人人头顶都有一块天花板

头顶上的天花板，那是一个人高度的极限，也被用来比喻一个人事业发展的瓶颈。一生中，每个人都会遇到一两次这种情况：你努力奋斗到一定阶段时，突然发觉再怎么努力也只是在原地转圈了，左冲右突都不能突破，这时候你就摸到了自己的“天花板”。只有少数人能够突破这个限制，大多数人一生都在这块“天花板”下徘徊。金兵入侵就是高宗的“天花板”，他的昏庸无能只能使他偏安杭州，而不是以杭州为基地，重新收复中原河山。

“苗刘兵变”

公元1129年，宋高宗好不容易甩掉金兵，渡江来到杭州，以为可以喘息一段时间，谁知霉运当头，当年三月，杭州发生了卫戍长官苗傅、刘正彦兵变。

高宗渡江前，先后派苗傅、刘正彦护卫太后、太子等人来到杭州。所以，杭州的军队基本掌握在苗、刘手里。

高宗到达杭州后，撤换了一批官员，升王渊为枢密使兼皇室卫戍部队长官。王渊是个极其贪财又不顾士兵死活的人，在金兵打到扬州时，他不是部署船只运士兵过江，而是先运搜刮来的财物，致使数万士兵滞留江岸任金人宰割，几千匹战马也成了金军的战利品。这对本就处于劣势的南宋军队来说，雪上加霜。

过江后，王渊不但没受处分，反被升职，这让苗、刘等人很是气愤。而且，苗傅的一些部将，自以为从大北方跑到大南方，护卫皇帝有功，但得不到朝廷赏赐，心怀不满。苗、刘善于利用他人情绪，这样汹涌的情绪，他们当然不会轻易放过。于是，他

庙堂真相

金人的“爷爷”特别多

1128年，金军大将兀术进攻北宋都城开封，开封防卫司令宗泽在城外设下埋伏，击败小股金军。据说，金人从此不敢再犯开封，一听到宗泽的名字，便浑身战栗，称宗泽为“宗爷爷”。1129年，岳飞在广德（今安徽广德县）与金军伪军（宋人的部队）相遇，六战六胜，金军士兵相互议论说：“别跟岳爷爷的军队较量，不得好死。”

们决定给王渊，顺便给宋高宗一点颜色瞧瞧。

机会很快到来，皇家卫戍部队中的一支的长官来与苗、刘联系，劝他们搞掉王渊。外有支持，里有内应，苗、刘便行动起来。

苗、刘先是发表慷慨激昂的演说，士兵同意造反，欢呼声直上云霄，然后，他们放出消息假称造反兵团正在天竺寺集合，目的是调开王渊的军队。王渊很快得到消息，集结起精兵五百前往天竺寺埋伏，准备把苗、刘等人擒拿归案。

精兵派出去后，王渊坐在府中等消息。他心中早已花开花谢一遍，仍然没等到结果。惴惴不安之下，他决定先去皇宫。可轿子刚抬到北桥，有人给拦住了。

只听外面有人扯着嗓子喊："皇上有令，王渊勾结宦官，意图谋反，命令我等将其抓捕正法。"勾结宦官是真，但谋反是正义事业，王渊根本做不来，他掀开帘子走出来，准备发挥平时的淫威，可一看到是苗、刘二人，吓得魂飞魄散，被士兵一刀解决了。

第一步计划成功，苗、刘开始了第二步：斩杀宦官。苗、刘认为王渊升官全是因为宦官收了他的好处，而且宦官仗着在高宗过江时有随身护卫的功劳，深得高宗信任，经常作威作福，凌辱

野史秘闻

宋高宗是钱镠转世

1107年，宋徽宗梦见五代时期吴越国的国王钱镠索还失土。宋徽宗不给，钱镠就警告他，当初我的后代是主动拿着地盘和百姓来见你祖宗宋太祖的，可你的祖宗却软禁了我的后代，因此，我要让你的儿子去江南居住。徽宗醒后与皇后说起此事，皇后大惊，说自己也做了这样的梦。不久，宋高宗出生，宋徽宗开玩笑说："这孩子长得很像南方人啊。"1138年，高宗定都临安（杭州）。宋高宗1187年去世，和钱镠一样，享年也是八十一岁。

文武大臣。这让苗、刘等人对这帮身体残缺、精神变态的人非常不满，决定对他们大开杀戒。

于是，他们到处抓宦官，碰到没有胡须的就杀，当场就杀了一百多人。接着，他们又包围宫城，威逼高宗交出当时恶贯满盈的宦官康履，若不交出就不退兵。高宗不得已，当场把康履交给了他们。苗、刘两人二话不说，腰斩了康履，并割下首级，并和王渊的首级一起挂在了朝天门上。

“我们已经杀了皇上的大臣，又杀了他最信任的宦官，完全得罪了他，就这么退兵，肯定没有好果子吃。”苗、刘集中一批将领商议起来，最后，他们决定一不做，二不休，干脆要求高宗退位，把皇位让给皇太子。

要求一提出，审时度势的高宗立即答应，并发下诏书，宣布退位，让位给太子。但太子当时年仅三岁，苗、刘就让这时已改名为隆祐太后的元祐太后垂帘听政。

“现在小朝廷就得听我们的了。”苗、刘两个武夫志得意满，以为天下尽在掌握之中。谁知不久就传来消息，驻防长江一线的将领已经联合起来讨伐他们，以韩世忠为前军，分水陆两路向杭

野史秘闻

名将少年“泼韩五”

名将韩世忠，年轻时一点也不是“好少年”，整天不肯好好工作，只懂喝酒和混江湖，人送外号“泼韩五”。有个会看相的，说韩世忠将来当位列三公，韩世忠愤怒不已，认为人家是嘲笑、侮辱他，把看相的狠揍了一顿。后来韩世忠果然建功立业，名闻天下，他找到这位看相的，送给其一大把钱。

州杀了过来。

苗、刘等人慌张起来，他们知道，无论兵力、战斗力都远远不及韩世忠等人，于是一合计，想出了一曲还政高宗的戏。因为有人劝他们，北边将领的勤王全是因为高宗下台，若再让他上台，危机自然化解。

但韩世忠等人并没有止步，而是继续进军。双方在杭州附近展开了一场激战。勤王兵大胜，挺进杭州城。苗、刘等人见势不妙，连夜出逃。后来两人在福建境内被擒，在建康被处死。

“苗刘兵变”前后历时一个月，高宗精神又受到了刺激，兵变一结束就去了建康（南京）疗养。同时，他心中也有了阴影，那就是认为武将都不是好东西，朝廷就应该重文轻武，不能让武将握兵。

向历史借智慧

大宋皇帝不懂领导学

多数时候，要当好一个领导，并不需要这个人有多能干，而是要求领导明白自己的职责，并掌握一点领导心理学。领导的职责就是管人和规划未来，管人最重要的地方，一是提拔好干部，二是要赏罚合理。高宗的失败就在于，在他这里，有功劳的不得赏，有苦劳的挨骂，既没功劳又没苦劳的反而得了最大的好处，“苗刘兵变”就是因此而起。至于规划未来，这是宋朝皇帝最欠缺的。

黄天荡惨败

建炎四年（公元1130年） 三月，金兀术的船队满载着从临安（即杭州，南宋定都后改名临安）打劫的财物，向镇江驶来。他一路追着宋高宗，想痛快打一仗，谁知赵构尽玩“躲猫猫”，就是不跟他正面接触，远远地逃到海上去了。

于是，兀术一气之下就闯进了临安，逢人便杀，见东西就抢，辎重也就越来越重，不能陆行，只好坐船北返。

他还想趁机看看南宋的水师如何，赵构不顾皇帝的尊严、形象、气度一路南逃，让他很看不起汉人。如果水师也是这样子，那下次就不用带这么多人南下了。金兵船队张帆而行，一路畅通无阻，兀术志得意满。

但一到镇江，他的船队就被韩世忠给截住了。

兀术的军队陆战很勇猛，水战却是外行，几次交战后，便被韩世忠逼进了黄天荡。

黄天荡是个死水港，只能进，不能出。兀术突围几次也没有

庙堂真相

张浚败绩

1130年，韩世忠惨败后不久，川陕（四川与陕西）战区最高军政长官张浚，命部将刘锡率军出战，他与金军大将娄室在富平（今陕西富平县）展开激战，宋军战败，陕西关中大为震惊。此后，陕西关中地区再也不能收复。

效果。

“怎么办？”兀术贴出布告，悬赏求计，从当地人口中知道了老鹳河故道，开通它就可以直通秦淮了。但开通后，黄昏时分兀术刚逃到牛头山，就被岳飞率领的骑兵伏击，被当头一顿痛击，打得晕头转向，经过权衡，他还是回到了黄天荡。

这时的兀术真有点叫天天不灵，叫地地不应了。“怎么办？”时间一天天过去，眼看四月多了，还是没有想到办法突围。士兵们伤的伤，死的死，少了一大半。“难道我英雄一世，就要葬身在这臭水沟？”这时的兀术已完全没有了轻视宋军的心，只有绝望。

有人出主意：汉人聪明人多，不如我们再来一次悬赏求计。金兀术能屈能伸，立即贴出悬赏布告。

聪明的汉人果然多，不久就有一人前来船上应征献计。他如指点小孩子一样指点金人：“宋军的船大，全靠风力运行。你们如果在没有风的时候出击，就会有机会。当然，你们的船最好还是做些改进：在船上放些土，再铺平板，这样船身重，走起来就平稳，速度就快，士兵也好适应。再在船板上凿些洞来划桨。宋军的船没风动不了，你们可以划桨前行，到时想怎么揍他们就怎

名臣风骨

将领故事

张俊风评不好，人称“铁脸张太尉”，铁脸，当时语境里是不要脸的意思。大将王维忠号称“静街三郎”，只要他经过，一路上人都不敢吭声，得等他走远后才恢复说话。另一大将姚兴，爱马名“青狮”，马跟人一样爱喝酒，姚兴经常倒上一大盆酒，跟马一块儿喝，口里还说着：“让我们哥俩一起努力报国吧！”后来人和马一起战死。

么揍。不过最好还是用火攻，烧得他们自动投降。”

金兀术听明白了，这的确是个好计策，可是，他又转念又一想，这家伙不会为了钱，吃了原告吃被告——又把这个告诉给宋军吧？于是，他又问道：“先生高招，但我有一事不明。你们既是宋人，为何要帮我们呢？”

那人嘿嘿一笑，不紧不慢地说道：“王爷火烧眉毛了还这么爱管闲事？大宋朝廷鱼肉百姓，我们早就想推翻它了，但一直苦于力量弱小。现在有了你们，我们也就有实现理想的机会了。所以，王爷您请放心，我是不会把告诉你们的再告诉宋军的。而且，赏金这么多，有奶就是娘的道理我也是懂得的。”兀术也嘿嘿一笑，赏了那人，让他走了。在兀术作突围准备的当晚，韩世忠因一个多月以来的胜利，得到了朝廷嘉奖，加上他认为金兀术已到了穷途末路，就等着吃光粮食、举手投降了，于是，放松了警惕，每天都和手下饮酒赌博。

第二天，天刚刚亮，兀术的船队便出动了。韩世忠不以为然，还按以前的老办法截击，谁知金兵船队比以前要快，他心里一惊，感觉有什么不对劲。等发现江上无风，大船走不动时，金兵船上

野史秘闻

女中豪杰梁红玉

梁红玉是妓女出身，一天晚上见到门口有只老虎在睡觉，不由惊叫一声，老虎醒来，却原来是一个小兵。这个小兵就是韩世忠。梁红玉很惊奇，就嫁给了这个当兵的。后来，韩世忠步步高升，成为“建炎四帅”（张浚、韩世忠、岳飞、刘锜）之一，梁红玉也因功封为安国夫人和护国夫人，人称“两国夫人”。黄天荡惨败后，梁红玉向朝廷告发丈夫韩世忠日夜饮酒，不理军政，才致全军覆没。

又钻出一个个弓箭手，搭上冒火的箭拼命地向这边射。韩世忠暗叫不好，眼睁睁看着船篷、船帆着火烧起来，士兵们喊着叫着往水里跳。韩世忠看着这形势，很不甘心，但又没有法子，只得换了小船，向镇江逃去。

经此一仗，韩世忠的八千士兵牺牲了一大半。更重要的是，自以为万无一失的胜仗却打败了，这让韩世忠心里很是窝火。

兀术终于扬眉吐气，安安稳稳地渡过了长江。黄天荡一战，南宋虽然失败了，但金军也从此有点后怕，轻易不敢渡江，南宋的半壁江山总算暂时得以保全了。

向历史借智慧

没有无缘无故的爱

这个给金军带路的人，当然可耻，他要一次小聪明，后果却是伤害了大宋广大百姓的心。当然，在批判此人大节有亏之余，我们也要想一想，世上没有无缘无故的爱，既然官员们对百姓不好，百姓对官员们也就难免缺少爱护之心——要想在困难时得到别人的拥护和帮助，平时就要对人好一些。比如在公司，有人一失势就没人搭理了，究其原因，不单是势利，更在于这人平时对同事不够真诚。

刘豫“被称帝”

黄天荡一战及后来的几场两军对战使金人一举灭亡南宋的理想破灭，不过金国政权的版图还是得到了扩大。如何统治黄河以南、长江淮河一带的地区呢？这让金国朝廷颇费脑筋。首先，他们兵力还不够，无法直接统治这些地区，最重要的是，他们希望这块地方是金与南宋的缓冲带。

这时，他们想到了张邦昌的事例，决定在此地扶植一位代理人。

金人没有明确说出这种打算，只是在暗暗寻找。这让一个人很着急，他就是刘豫。

刘豫是一个为了个人利益而不惜牺牲国家利益的人。公元1119年，金人南侵，刘豫当时在河北省政府公检法部门工作，吓得赶紧跑了，连官都不要了。要知道，他家可是世代务农，到他才好不容易出了个进士。但他为了不成为金人进攻的障碍，像扔破鞋一样把它给扔了。

1128年冬，金人进攻济南，刘豫当时是父母官，为自保防御

庙堂真相

刘豫讨厌南方人

刘豫为大齐伪政权工作了八年（1130—1138），他非常不喜欢南方，实行恐怖政策，谁要是稍有一点去南方的蛛丝马迹，刘豫不审不问，拉出来就砍脑袋。所以那时候，两个人在路上相遇，相互打招呼：“你去哪里啊？”如果这个人恰好去南边办事，绝对不能回答“到南头去”，一旦这样回答，周围立即就会窜出几个人来，拿刀就砍。

了一下。金人一看一下子攻不下来，便派人带着黄金秘密来见刘豫，许诺还让他管理济南，前提是给金人让路。刘豫一看有财发，那不要济南城都可以，何况还能保住济南城，就愉快地答应了。但全城老百姓不同意，他手下一位叫关胜（据说就是《水浒传》中关胜的原型）的将领更是狂热分子。于是，刘豫就杀了关将领，把济南城完好无损地交到了金人手中。

刘豫的这些表现让金国朝廷看在眼里，记在心里。但刘豫怕金人记不起他这位忠实的喽啰，决定主动争取一下。

刘豫派自己的儿子携带重金去见金国大将挞懒，请求代为推荐。除了重金外，还有令人作呕的谄媚表演："将军，我父亲对大金国一向忠心，这一点将军您、各位王爷都是明白的。现在大金国的版图越来越大，我们认为，很需要再有一个张邦昌这样的人来帮助大金国。不知朝廷是如何考虑的？"

挞懒看了看刘豫的儿子，笑着向他招招手。刘豫的儿子走近后，挞懒低声说："你们的想法就是朝廷的意思。不过这就好比竞选，除了金钱，也得有点纲领性的东西。"

刘豫的儿子马上明白了，说道："明白。我们保证，只要江

社会风情

韩世忠不敬儒生

韩世忠自己没读过书，也看不起读书人。见到儒士，一律蔑称"子曰"（跟今人称专家为"砖家"类似）。皇帝听说了，找他谈话，说："听说你不尊重读书人，称呼他们'子曰'，是不是这样？"韩世忠答："我早就改了。"皇帝很高兴，心想有进步了，改了好啊。然后听见韩世忠又来了一句："我现在改叫他们'萌儿'了！"——听上去像四川方言里的"哈儿"。

淮地区划归我们管理，我们一定为大金国服务，只要是对大金国有利的，我们会毫不犹豫地去做，凡是不利于大金国的，我们打死也不做。将军，这块地方是你们打下来的，你们得早作决定啊。”挞懒连连点头，表示赞许。

这次活动很成功。不久，金国皇帝就降下诏书，册封刘豫为大齐国皇帝。1130年，农历九月初九，刘豫在大名府（今河北邯郸大名县）正式登基。刘豫很清楚自己的地位，登基后，开始玩命儿地表现。

他找出了躲藏在境内的大宋宗室分子，一把火烧死了。他的一位属下建议他暗中和南宋交好，刘豫闻言大怒，立马将下属斩首。他还一个劲儿向南宋进攻，不断地骚扰南宋。

开始，刘豫还得了点小便宜，不久，战局就对他不利起来，他就不断向金国请求援助。

金人有点恼火。他们有自己的考虑，虽然刘豫很忠诚，但齐国毕竟不直属金人管理。若大力帮助刘豫，刘豫打败了南宋，就会壮大起来，形成尾大不掉的局面；若不帮助他，江淮地区毕竟是金人打下来的，不能这么白白送还给南宋。金人有点苦恼。

庙堂真相

张郡王坐在钱眼里

四大名将中，张俊名声不好，他的部队多文身，从手文到脚，人称“花腿军”。而且张俊贪财，家里银子太多，为便于统计，每千两银子便铸成一个球，球名“没奈何”。一次皇帝宴请，优人表演节目，说高宗是帝星，秦桧是相星，韩世忠是将星，轮到张俊，优人说：“不见其星。”众人大惊，优人接着说：“只看见张郡王坐在钱眼里。”众人大笑。

不久，宋金在谈判桌上坐了下来，气氛很融洽，条件也谈得差不多了。这时，刘豫感到自己有点被冷落，知道处境不妙。再后来，他就由齐国皇帝降为金国蜀王，遭到了软禁，几年后，客死他乡。

刘豫卖国求荣，是可耻的，但他作为工具被人利用，又是可悲的。

向历史借智慧

伪政权从来没有好下场

谈和可以，但伪政权不能参与，伪皇帝不能做，无论是哪个人利欲熏心地往伪皇帝位置上坐，都将死无葬身之地，这是历史的必然。张邦昌知错能改，还让人对他有几分同情，刘豫这种人，就只有千古骂名了。后世骂名不说，最重要的是，刘豫这种做法，注定会下场很惨：旧主人和人民会恨他，当他是不共戴天的仇人；新主人只是利用他，看不起他，绝不会真拿他当自己人。这种人，活着是一种耻辱，死后还要背骂名，这是他们的归宿。

秦桧归来

公元1130年，十月，秦桧两口子脱离虎口，回到大宋。

对自己是怎么回来的，秦桧解释说是趁金兵不注意，夺了一条船逃回来的。大臣们有相信的，也有不信的。其中几个和秦桧关系好的大臣，不仅很相信他的解释，还把他推荐给了高宗，说他“忠诚可靠”。高宗决定见见他。

秦桧作了一番精心准备。他先给高宗说了徽宗、钦宗二帝和高宗母亲在金国的情况，这让高宗有点高兴——终于知道父母兄弟在北边的情况了，又有点伤感——他们还在受苦呢。

接着，他说出了自己的建议：“陛下，如果想要宋金休战，天下无事，最好的办法就是南北分治，咱们治咱们的，他们治他们的。”

高宗见秦桧刚一回来就这么替他的天下着想，便有点感动。他示意秦桧不要激动，慢慢说。

秦桧见高宗心动，觉得他的思路对上了高宗的心思，于是掏

庙堂真相

“直把杭州作汴州”

1131年，南宋大将吴玠在和尚原（今陕西宝鸡市西南）打败金军主力，金将兀术身中流箭，化装而逃。这是金军自南侵以来从未有过的惨败，金国人又羞又恨。1135年，杨幺起义军被平定。1138年，南宋正式定都于临安（浙江杭州），后来有人写诗讽刺朝廷偏安一隅：山外青山楼外楼，西湖歌舞几时休？暖风熏得游人醉，直把杭州作汴州！

出一封信，说道："我这儿有一封金军将领的'求和书'，这足以说明金人的诚意。所以，我觉得只要我们主动，早日做到南人归南，北人归北，和平是可以实现的。"

说得好啊。好在哪里呢？高宗只觉得心里一下子亮堂起来，激动得想拥抱秦桧，也没多想秦桧既是逃回来的，哪儿来的心思从容地去收集金军将领的"求和书"呢。

"人才啊，有想法，有措施，这简直是上天专门赐给我的。"高宗心里一直乐着，想着秦桧的人，品味着他说过的话，一连几个晚上觉都睡不着，不久，便提拔他做了宰相。

当时，朝廷中主战的多，全国的军民对金人的残暴极度愤慨，舆论也要求抵抗，秦桧的策略没法实施。于是，高宗暂时委屈了一下秦桧，让他去了外地做官，但心里一直挂念他，没过几年又召回他，再次任命他为宰相。

君威难测啊。秦桧想大力施展他的拳脚了，但觉得还是应该先摸摸高宗的底，看他对议和坚决到什么程度。

秦桧经常在朝会后留下来单独向高宗奏事。一次，他对高宗说："大臣们对议和畏首畏尾，首鼠两端，这让我们无法对大事

野史秘闻

从此不做孩子王

宋朝设"太学"，是最高学府，秦桧就曾是这里的学生（太学生），因为"善作鄙事"，也就是会做粗活俗事，被人鄙视，绰号"秦长脚"（有"庄稼汉"的意思）。后来秦桧当了宰相，还被人嘲笑："长脚汉也能做宰相。"秦桧曾当过蒙师，教一群小孩，收入低，苦不堪言，写诗有"若得水田三百亩，这番不做猢狲王"之句。

进行快速决断，会错过一些好时机。皇上如果决心议和，请只和我一个人讨论，不要让其他大臣插手干预。”高宗也很讨厌那群大臣整天高调喊抗金，可又打不过人家，害得他几年来到处跑，于是想都没想，说道：“你的意见很对，议和的事我就委派给你一个人好了。一切你说了算。”秦桧见高宗这么爽快，就说：“我再方方面面地思考一下，也恳请皇上认真考虑三天，然后我再向您另做报告。”

过了三天，秦桧又单独留了下来，跟高宗说起了议和的事。高宗很欣赏地看着秦桧为朝廷分忧解难的架势，更加相信秦桧了，对议和更是没有丝毫动摇之心。但秦桧觉得火候还是没到，就说：“皇上，我担心我考虑得还是不够全面，我再仔细想想，恳请皇上也再认真考虑三天，然后我再向您另做报告。”高宗照样很爽快，说道：“好吧！一切听你的。”

又过了三天，秦桧又单独留下来见高宗。高宗知道他要说什么，很诚恳地望着他。秦桧知道高宗对议和的态度已经坚定不移了，就拿出早已草拟好了的求和书，说道：“皇上，这是议和书。为了尽快达成议和，请皇上仍准许我单独行事，只向您报告工作，

名将风骨

韩世忠的酒宴

韩世忠出身贫寒，为人耿直，作战勇猛，又有韬略。他有个习惯，每次跟部下吃饭，只喝酒，不吃菜，想吃也没有，他根本就没安排下酒菜。有个部下实在受不了，一次特意偷偷揣了个萝卜，韩世忠发现了，指着对方额头大骂：“混账小子，竟然这么贪吃！”骂完了继续喝酒，不许吃菜。

其他大臣不得干预。”高宗接过一看，立马批准了他的议和书。

这下秦桧没有顾虑了，加快了议和的步伐。时间飞快，到了1139年，秦桧冲破岳飞等人的强烈阻挠，与金国达成了第一个协议。但签和约时，高宗还是回避了——装病躲在宫中，由秦桧代行皇帝职权，跪拜在金使面前，签字画押。

从此，秦桧在高宗心中的形象再次上升，在朝廷中的身价千金难买，宋金战和问题开始全部由他左右。秦桧也通过左右战和来左右高宗，左右朝政，把自己的势力渗透到了政治、军事、财政、刑法等各个方面。到秦桧要杀岳飞时，大臣都只是跑到秦府去和他讲道理，而不是给高宗上谏书。此时的秦桧，权势如日中天，连高宗都畏惧起来。秦桧死后，高宗说，终于不用在膝裤中藏匕首了。又说，自己初次见秦桧，觉得他是个难得的人才，但过了一阵子又有点讨厌他，后来又离不开他，晚年便开始害怕他了。奇一恶一爱一畏，这就是两人之间近二十年的纠结关系。

向历史借智慧

苍蝇不叮无缝的蛋

当领导的如果不爱钱，也就不会有人上门去送钱；如果不好色，也就不会有美女投怀送抱。因为别人知道你不喜欢这些，美人计、财宝计也就起不了作用。反过来，如果有人用这些东西来诱惑你，那你一定要自我检讨了：是不是自己表现出了这样的倾向？这种情况不只是领导才有，普通上班族也一样，同事突然都疏远你了，或者最近领导看你的眼神总是很异样，那一定是你无意中的表现出了问题。凡事，总有原因。

顺昌保卫战

绍兴十年（公元1140年）五月，新任命的开封副留守刘锜率领军队前往开封驻防。

一天在行军路上，刘锜一群人正吃着饭，忽然西北角刮来一阵暴风，一下子把营帐吹开，呼啦啦直响。士兵们吃了一惊：这么恶劣的风！刘锜说："快起来准备出发。这风意味着有大兵犯境，慢了就来不及了。"

一队人日夜兼程，但还是慢了一步。赶到顺昌（今安徽阜阳）时，就听到了金兵攻占开封，并在继续南进的消息，而且马上就要到顺昌了。刘锜决定留在顺昌帮助防守。

顺昌南边就是淮河，失去了它，淮河以北就失去了战略支撑点。如此要地绝不能失去，但如何守，却是大问题。刘锜决定先摸摸底。当他得知城中粮食充裕后，心神略定。接着，他又检查了城中的防务，这方面很糟糕，几乎没有什么准备。更重要的是士气低落，将领们害怕金兵跟怕鬼一样，一听说又打过来了，就

庙堂真相

四大名帅之刘锜

刘锜（1098—1162），与张浚、韩世忠、岳飞同为南宋初期"中兴四大名将"，又称"建炎四帅"。刘锜出生于行伍世家，父亲是大宋名将刘仲武。刘锜扬名于北宋对西夏的战争中，官职是都护，据说西夏人吓唬小孩子时就说：别哭了，再哭刘都护来抓你。顺昌之战后，他被贬到湖南做地方长官。今浙江嘉兴有刘锜纪念馆。

想马上撤到淮河南边去，凭借淮河防守。

刘锜召集将领们开会，做了简短发言："打仗在于我们的意志、精神，以及采取的战略战术和对兵力的巧妙运用。所以，首先我们内部一定要统一认识，认识一致了大家才能拧成一股绳，打击敌人，保存自已。一味撤退，光想逃跑，是不能解决问题的。"刘锜的话如响雷，使人心一振。

刘锜的一个属下站起来，充当"托儿"："我们把妻儿老小都带来了，不战就退过淮河去，难道把父母妻子扔在这儿？带着一起撤吧，速度就慢，敌人很容易追上来，情况就会更糟。与其被追着打，不如拼死一战，向死而生。" 原来，刘锜的部下大多来自"八字军"。八字军是北方义军中的一支，因以"赤心报国、誓杀金贼"这八个字为战斗口号而得名。因为是跟刘锜去驻守开封，要回到北方家乡去，所以都带着家眷，刘锜连自己的家眷也带来了。

人人都有分析利害的能力，听了刘锜和"托儿"的话后，大家都认为，留下来会好一点。

刘锜很高兴，看着众将，说道："我也是这个意思——留下来，守住顺昌，谁再提南撤，斩！"

庙堂真相

韩世忠避嫌

南宋初期，掀起了抗金高潮，名将辈出，但也惹得朝廷猜忌，岳飞就因此而死。但韩世忠则日子过得很滋润，他有了钱就开始买田产，高宗听了非常高兴，不但表扬，还赐庄名"旌忠"，因为购置田产的将军不会造反。韩世忠功成名就后退休，住在杭州，绝口不谈军国大事，一点儿也没有将军不老的觉悟，反而自号"清凉居士"，天天骑匹骡子，在西湖边上溜达。

于是，刘锜叫人凿沉了岸边的船，表示决不过河。接着，他又把家眷安排在了城中寺庙里，在门口堆满柴火，告诉守门的：如果城没守住，就放火烧了寺庙，以免家眷落入敌人手里遭受侮辱。

刘锜的这种行为激励了大家，士气高涨，大家一起修战具、筑堡垒，准备守城。连一些年轻的女人也来帮忙磨刀磨剑，准备各种守具、战具。

刘锜把刘豫的齐国时造的车卸了，用车轮、车辕来加高加厚城墙，又把居民房屋的门板取下来，构筑坚固的防御工事；再把城外的百姓撤到城里，烧掉了他们的房子，坚壁清野。

刘锜又根据地形合理分配兵力，调派得力干将镇守各门，并派出侦察人员，依靠当地人做向导，不断侦察金军的情况——顺昌城的防御体系初步建立起来。

金军的先头部队很快包围了顺昌城，刘锜使用了当时的“远程导弹”——神臂强弩（射程达三百四十步），金人被射死无数，慌如热锅上的蚂蚁，刘锜疾令步兵出战，金兵无法躲避，只好跳河撞大运，结果被淹死的不计其数。出击无法占到便宜，金人就在神臂弩射程之外扎营，准备困死刘锜。刘锜在一个雷电暴雨之

社会风情

“岂以名讳妨人进取！”

避人名讳是古代通行的传统，生活中经常给人带来麻烦。宋高宗时，选进士，有人考试成绩很好，但犯了高宗的名讳，大臣们正在犹豫，高宗说：“我怎么能因为一个名字问题就挡着人的进取之路呢！”于是照常录取。无独有偶，大将韩世忠临死前交代家人说：“我名世忠，你们不要避我的讳，该说‘忠’时就说‘忠’，你们要是不说，反而是故意要忘了我。”

夜，派出突击队潜入金营，伏在地上，趁闪电闪过之际，看到头上留辫子的立即跃起砍杀，雷电一停，则伏地不动。这些“鬼魅”把金人搞得如同惊弓之鸟，自相残杀，只好再退扎营。金兀术在开封听到报告后，气得七窍生烟：“刘锜也敢抵抗我，我要用靴尖把顺昌城踢倒！”于是，率十万大军立即开向顺昌。刘锜用毒药欢迎金兀术。他叫人把颍河上游的水中都施放了毒药。当时正是酷暑天，金兀术远道而来，人渴马饥，于是喝水吃草，立即倒下。刘锜率军出城，与这些病号大战，又获大胜。金兀术狼狈逃回开封，顺昌保卫战圆满获胜。

向历史借智慧

先有目标，再有对策

兵法上讲“知止而后定”，知道自己的目标，心中有底了，就可以应对各种复杂形势和变化。目标的确定是第一位的，如果一边准备战争，一边又想着怎么逃跑、撤退，那仗就没法打了，结果只能是失败。有人将这种智慧用在投资上：入手某只股票时，先预设一个盈利目标，达到了目标，即使再上涨也立刻卖掉。有了明确目标后，就不会在市场的变化面前，因为进退失据而酿成大错。

岳飞大破拐子马

顺昌之战后，号称不败的金人被打回原形，南宋在北方的将领纷纷出击，节节胜利，大片河山得以收复。其中，岳飞一支始终盯着兀术，率领军队来到郾城，寻机决战。兀术见着这形势，心里也闪过一丝害怕，于是，在绍兴十年（公元1140年）七月，他下令召集附近的几支伪军。但伪军都是墙头草，见他大势已去，谁都不来。

岳飞听到这个消息很高兴，部将们都向他请战，岳飞摆摆手，没有同意。他在等待一个机会，找出兀术的漏洞、疏忽，以一击致命。所以，他只是派出几小股部队去挑战，尽情辱骂兀术，让他发怒，让他表现，让他的漏洞、疏忽显现出来。

这种挑逗让兀术难以接受，他震怒：以前被我追得满世界跑的熊包，现在到我面前来嘚瑟，找死啊！愤怒令人表现得很“爷们儿”，兀术很快就把大部队移到了郾城城下。

岳飞见兀术情绪有点不稳了，便叫来长子岳云，令他出城攻

庙堂真相

十二道金牌

1140年，朱仙镇大捷后，秦桧与宋高宗认为岳飞这样莽撞出击会破坏议和大计，于是令岳飞班师回朝。岳飞此时在中原踌躇满志，他跟手下人说：我们要打到金人的老巢去，救回徽宗、钦宗两位皇帝。秦桧知道岳飞不会轻易班师，于是，先将岳飞的兄弟部队调回，然后一日之内连下十二道金字圣旨牌，勒令撤军。岳飞大哭：“十年之功，毁于一旦！”

击："只能胜，不胜，我就斩了你！"岳云领命而去。岳云十二从军，使两柄重八十斤的铁锤，力大锤沉，所向披靡，立了不少战功。现在岳云二十二了，经过十年血与火的战斗，经验、战斗力、智谋等无不大大提高，名振金国。

岳云手下现在有一支几千人的专属于他的精骑，好钢要用在刀刃上。只见岳云率队来到阵前，斜着眼睛瞅了瞅黑压压的一片狗皮帽子，长啸一声，率先冲进了金兵阵内。

岳云的气势让金人先自觉矮了几分，随着岳云在阵内左冲右突，惨叫声不断，扑通扑通倒地一大片，金人更觉得两腿发抖了。

兀术也看得心惊，宋人不再像过去那样只知道逃跑，十年战争的实践，已经磨炼出了一批岳云这样的一往无前、敢于进攻的战将。"不行，再这样打下去，我的阵脚就得乱了。"于是，他放出了他的特种部队——拐子马。

这是兀术的命根子和制胜法宝，这次，他孤注一掷，把他的拐了马几乎全用上了——一万五千骑。放眼望去，只见每三四马结成一队，马与马之间用牛皮筋相勾连，一排排地并进并退，奔驰起来，每一排就好比一辆坦克。马上的骑士都穿着厚重铠甲，

野史秘闻

岳飞杀舅

岳飞在徽州，有百姓状告岳飞的舅舅，岳飞告知母亲，母亲把自家兄弟骂了一顿，舅舅因而怀恨在心。一天，岳飞和舅舅骑马出行，舅舅突然回马就是一箭，射中岳飞马鞍。岳飞当即抓住舅舅，一刀杀了。回家告诉母亲，母亲责备，岳飞回答："今天我不杀舅，他日必被舅舅所杀。"

脸上罩着铁皮，能看见的就那一双眼睛。这身装扮真是刀枪不入，若冲入敌阵，那就好比绞肉机。旋风一般的绞肉机，实在恐怖。

岳云一见，也吃了一惊，闪亮的阳光下，乌黑的一座座铁塔：“不热吗？少爷我来让你们凉快凉快吧。”岳云精神一抖，杀进了拐子马阵。这阵果然不凡，杀倒一个，还有两个，杀倒两个，剩下一个还可以作战，马不动，你就出不了围。而他们浑身都是铁东西，锤子用力打上去，就反弹回来，手臂振得发麻、发酸，不用力又没有效果。于是，在这反弹和手臂发麻发酸的间隙，岳云身上连连中招，流出的血浸湿了战袍，进攻的力度也随之减小，速度也慢了下来，整个部队的威势减弱了。兀术见状大喜，心想，这小子一死，我看你岳飞还有什么宝贝来对付我？

岳飞也在观察。兀术使用拐子马已不是第一次，南宋军队在屡次的失败中，吸取了教训，找到了破解的方法。今天，岳飞就要来大破拐子马阵了。

正当岳云感觉拐子马阵越围越紧，有点快顶不住的时候，拐子马阵却变了一番模样。原来，岳飞派出了他专门用来对付拐子马的藤牌军：只见他们左手用藤牌护身，右手拿着麻扎刀，趁拐

社会风情

太师椅的来历

太师椅是家具当中唯一以官称命名的，顾名思义，跟太师有关。古人的坐具多为胡床，也叫交椅，类似今天的马扎，可折叠，非常方便。所谓“第一把交椅”，指的就是马扎。太师秦桧坐胡床时头总是向后仰，以至头巾掉到地上。官员吴渊拍马屁，特地在胡床后部装上“荷叶托首”，也是后背和头枕，这样“太师椅”就诞生了。

子马一心与岳云交战，速度慢，无暇顾及其他的时候，弓着身子，快速靠了过来，举刀就往马脚上剁。马一匹匹惊跳起来，一匹连着两匹，一下子人仰马翻，一万五千骑的拐子马阵变得四分五裂，七颠八倒，精兵都成了砧板上的肉，铁罩也都成了铁锁。

岳云得到这一助力，压力顿时减小，精神一振，率队奋力杀出。这边厢，岳飞又命令后备大军奔杀过来。可怜那些拐子马骑士，倒在地上任人践踏、任马践踏，早已不成人样。

拐子马一败，金军丧胆，呼喊着奔散开去，向北逃走。兀术一边逃，一边想着他的可怜的拐子马，放声大哭："我起兵打仗以来，每次都是靠拐子马来解决难题，无往不胜。今天竟被岳飞糟蹋，以后还靠什么啊？"部将都来劝说。兀术恨恨地说："我要报仇。我要皇上给我五十万、一百万人马，看不把岳家军碾成泥！"

他的大志没有时间实现了，因为岳飞挟暴风骤雨般的气势而来，一口气收复怀州（河南沁阳）、卫州（河南卫辉市），使太行山的南北通道断绝，金兀术万分恐惧，紧接着，岳飞又在朱仙镇与其相遇，金兀术只好逃回开封。

然而，岳飞的厄运也就要来了。

向历史借智慧

天下没有永远不败的绝招

国产电影《大玩家》里，二宝成了"天下第一"的武功高手，以为从此就可以和小龙女做神仙眷侣，谁知道，小龙女还天天逼他练功：一天不练习拔剑，就赶不上中原一点红；一天不练习轻功，就赶不上江南燕……要保持"天下第一"得付出多少努力啊！天下没有不败的绝招，只有业务能力不断精进，才能解决不断涌现的新问题；当然，天下也没有破解不了的难题，只看你的方法是不是对头。

“莫须有”

岳飞虽然在战场上连连取胜，但朝廷对他的不满和不放心日渐增长。在秦桧看来，岳飞的抗金阻碍了议和，而在高宗眼里，岳飞还威胁着他的皇权。于是，两人决定采取措施搞掉他。

绍兴十一年（公元 1141 年）四月，高宗把岳飞等各部统帅召到临安，任命岳飞为枢密副使，明升暗降，解除了岳飞的兵权。从这时开始，针对岳飞的阴谋就一个接一个地来了。

秦桧指使枢密使张俊，通过一定手段迫使岳飞的部将诬告岳飞与人密谋要挟朝廷，意图谋反。谋反是大罪。十月，高宗将岳飞、岳云父子打入大牢，命令大理寺御史中丞何铸等主持审理。

何铸是秦桧集团的人，让他审案，他很明白要怎么去审，审出个什么结果。

“岳飞，你伙同他人谋反，你可知罪？快从实招来！”何铸一拍惊堂木，大声问道。

“我没有谋反。我忠于朝廷，苍天可鉴。你们请看。”岳飞

社会风情

古代的刺青少年们

宋朝行伍之人喜欢在身上刺点儿什么，但最喜欢玩刺青的，还要数唐朝人，有人在身上文一条蛇，这蛇还挺长，从手上开始，在颈背上盘两圈，又在腹部盘两圈，再盘到大腿去；更绝的是有个追星族，在身上文满了白居易的诗，堪称一部小诗集。刺青少年中最有名的，大概要数五代时的皇帝郭威，后人称他“雕青天子”。

背过身去，解开衣服，露出后背给他们看。

何铸等人望过去，岳飞背上赫然刺着“尽忠报国”四个大字，深深嵌在肌肤里，让人不觉起敬。这是岳母所刺。岳飞年纪小时，看到金兵烧杀抢掠，无恶不作，家园被毁，国家遭践踏，义愤填膺，就产生了一个想法：尽忠报国，杀尽金贼。岳母为了让他深深记住自己的志愿，就把“尽忠报国”四个字刺在了他的背上，至今已有三十多年了。三十多年来，岳飞晚上一躺下，就感触到背上的字，愤恨得睡不着觉，常常半夜起来，月下练武，读兵书，恨不得带兵直捣黄龙府，杀了金国皇帝。

何铸看着“尽忠报国”四个字，听着岳飞的话，心里大起波澜，说了个“好”字。不久，何铸就来报告秦桧，说找不到证据，岳飞是无辜的。

秦桧不管岳飞是否无辜，他只管定罪：“这样子不行啊。定他的罪可是皇上的意思。”见何铸无能为力的样子，秦桧只得换人。他让万俟卨来接手此案。

万俟卨曾与岳飞有过几次不愉快，一直在寻找机会报复，现在既然让他逮着了，那可就不客气了。

社会风情

恶人万俟卨

万俟卨（1083—1157），开封阳武（今河南原阳）人，历史上著名的恶人之一。1112 年进入中央政府，在总参谋部做文秘，南宋绍兴初年做过湖北司法厅长，在这个位置上，锻炼出一身构陷他人的能耐，后回到中央，与权相秦桧臭味相投，岳飞之死中有他的一份“功劳”。后来，他与秦桧争权，失败后被清出朝廷。1155 年秦桧死后，他又被召还担任宰相，之后以七十多岁的高龄死去。

“岳飞，皇上对你这么好，你还不知足，与人谋反，你还不快快交代罪行！”万俟卨一边让人拷打岳飞，一边厉声喝问。

岳飞只说：“日月可鉴。”

但日月无光，救不了他。

万俟卨无论如何都不能使岳飞承认没有的事情，既然没有物证，那就找人证。至于为何要找人证，那是因为“岳飞特别狡猾，把证据全都给毁了”。

这一通自圆其说的报告递上去后，秦桧颇为满意。但人证并不好找。没办法，万俟卨找来同伙商议。

有人提醒，正月的“淮西事件”可以炒作一下。

1141 年正月的时候，金兵大攻淮西，高宗就让岳飞去增援，岳飞赶到时，南宋的其他将领已经把金兵击退。但正在大家得胜高兴的时候，金兵杀了个回马枪，攻陷了亳州。南宋军队去增援，中伏遭重创。高宗又叫岳飞去。岳飞赶到时，金兵已经撤走了。

“大人，您想想看，这岳飞平时老说什么‘兵贵神速’，现在两次都晚到，这说明了什么？只能说明他对皇上不忠，早就想造反了。”那人点出了关键点。

庙堂真相

秦桧不敢炫富

秦桧的夫人在宫里陪太后聊天。太后说：“最近这段时间，子鱼越来越少，见不到几条大的。”秦夫人马上很殷勤地回答：“我家里有好多呢，我明天就送一百条来孝敬您！”回到家跟秦桧一说，秦桧一惊：太后都吃不到的好东西，你一出手送一百条，这不是给自己招祸嘛！想了半天，有了主意，送了一百条大而肥的青鱼过去，太后见了大笑：“这女人果然见识少，不识货！”子鱼稀少，青鱼常见。

“好点子！”万俟卨赞了一声，立即马不停蹄地亲自带人去岳飞家搜查证据。但查到的来往文书都记着进军的路程、日期，清清楚楚，看不出是在故意逗留。对上述晚到的解释是第一次岳飞得了重感冒，第二次粮草不足。

万俟卨一看有点泄气，将文书都交给秦桧藏了起来，一面又让人篡改行军记录，把日期颠倒过来，作为案件的证据。

秦桧、万俟卨这样一通乱搞，大臣们都看不下去了。此时，已辞官在家，明哲保身的韩世忠也坐不住了。他找到秦桧，当面质问：“说岳飞谋反，有确凿的证据吗？”秦桧答道：“确凿证据现在还没有发现，但事情恐怕是莫须有。”韩世忠气愤地说：“‘莫须有’三个字怎么让天下人心服？”

这时，民间也议论纷纷，上书为岳飞鸣冤。秦桧一阵心烦，心想，这事情拖了一段时间了，再拖下去，只怕是越闹越大，到时可能就不好收拾了。于是他密奏高宗，请求采取果断措施。

高宗不久就签下诏书，赐给岳飞毒酒，将岳云斩首。

就这样，一代抗金名将，不是战死在沙场，而是受尽刀笔吏的痛苦折磨后，死在自己所效忠的朝廷手里。这让民间和后人在

社会风情

忠良之后有余荫

岳飞死后多年，人们敬其忠良，对岳家很关照。万俟卨之孙和岳家发生田产纠纷，官司打了很久，一直断不下来。案件推到一个叫辛元龙的官员这里，辛元龙连诉讼文书都不看，直接判岳家胜出，理由是：“岳飞一代忠臣，万俟卨帮助秦桧残害忠良，就算抄了他全家都不够赎罪的，还敢来跟岳家争田产！”将田产判给岳家，再一把火将地契之类全烧了。

崇敬的同时又深怀痛惜。

岳飞死后，一个小狱吏把他的尸体背了出来，葬在了栖霞岭下。

岳飞的死是一个时代的结束，也是爱国精神的再一次破茧而出。

向历史借智慧

一个将军的非正常死亡

将士死于沙场，可以说是死得其所，而死于牢狱，尤其是死于自己人的牢狱，则真是死不瞑目。有人说，岳飞之死与南宋初期将军们的飞扬跋扈有关，宋政府对武装力量极为警惕，所以岳飞不得不死。也有人说岳飞只会打仗、不懂政治，口口声声说要迎回老皇帝，犯了高宗的大忌。不管真正的原因是什么，岳飞之死让人痛惜，这也告诉后人：一个人不但专业能力要强，同时还要懂得审时度势，时刻不忘大形势，才不会吃亏。

第二章　和平岁月

“疯狗”完颜亮

金朝海陵王完颜亮空有祖宗的野心，却无祖宗的才能，所以其所作所为只能与疯狗相提并论。

公元 1149 年，完颜亮发动宫廷政变，杀掉金熙宗完颜亶，自立为帝。完颜亮从小就志向远大，一次，他给人的扇面题词，写下了“大柄若在手，清风满天下”的句子。但他弑君自立后，带给天下的不是“清风”，而是血雨腥风。他杀政敌，杀政敌的父兄子侄，杀和政敌有关系的一切人，然后把这些人的妻女抢来自己享用。

完颜亮即位后，把嫡母（父亲的正妻）接到东宫。嫡母是个慈悲的人，就对旁人说：“皇帝虽然性格暴躁，所行不合道义，但咱们终究是臣子，应该多劝说他，弑君总不是臣子做的事。”完颜亮听得很不入耳，嘴上不说，心里对嫡母很反感。要知道，完颜亮的父亲是金太宗的长子，他向来觉得皇位就应该是他们家的，现在他拿回本属于自己的东西，有什么错？

野史秘闻

一首词的诱惑

柳永是北宋时期一位不得意的词人，常在妓院里为妓女写歌，被士大夫们看不起，有一回他本来中了进士，但仍被刷下来，皇帝御笔亲批“这个人还是让他写词去吧”，柳永因此自号“奉旨填词柳三变”，一生落魄。他写过一首歌咏钱塘（杭州）的词，其中有“三秋桂子，十里荷花”之句，据说完颜亮就是因为读到这个句子非常向往，才决定派大军南下来抢江南之地。

如果这是一把柴火，那么，下面发生的事就是一桶油。

某次嫡母生日，那天东宫中大摆宴席，很多公主、皇族中的女性、高官的妻子等都过来庆祝。大家喝得高兴，正互相说笑的时候，完颜亮的生母起来给嫡母祝寿，捧着酒杯，跪着向她敬酒。嫡母正和旁边的人说话，说得起劲，就没有往下看。等旁边的人提醒她看时，完颜亮的生母已跪在地上有一段时间了。嫡母连忙起身拉起生母，接过酒杯喝了。两位母亲笑呵呵地肩并肩坐在一起说笑起来。

完颜亮一见，心里很不痛快。他认为嫡母是故意的，酒席没完便甩着袖子离去了。

第二天，他召来参加生母生日的那些人，问她们在生母跪着的时候，为什么还在说笑。这些女人都说不出话来，怔在当场。完颜亮大怒，叫人把她们拉出去，用棍子把每个人都打了一通。

生母听说后，连忙过来阻拦。完颜亮恨恨地说："儿子现在是皇帝了，她们再对您不敬，我就得惩罚她们。"等女人们忍着痛去了，完颜亮大笑道："我就是要让她们知道我的厉害。"

完颜亮曾对人说他有三个愿望：第一，国家大权要掌握在我

名臣风骨

陆游家世

陆游出身名门望族，祖上陆轸曾是宋真宗时的进士榜眼。陆轸说话特别直爽，有次跟宋仁宗聊天，说到国家治乱大事，激动起来，指着皇帝的宝座就说："天下奸雄觊觎您这个座位的人可多了，所以陛下您要努力，做个好皇帝，这个位置才稳得住！"说得仁宗都要直抚额头，第二天跟人说："这个陆轸说话也太直了！"

的手里，大事统统由我决定；第二，外族有不服的，我就率领军队教训他们，把他们的皇帝、可汗等通通捆到我的面前来问罪；第三，把天下的美女都占为己有。

完颜亮把都城迁到燕京，花费亿万巨资修建宫殿。他下令一定要修得华丽，不惜血本，稍有地方不如他的意，就下令拆了重建，丝毫不觉可惜。

他改革统治制度，废除了贵族承袭制度，仿照大宋，把一切权力集中到自己手上。

他疯狂猎取女色，充实他的后宫。不管什么人，只要被他看到或听到是漂亮的，他就想法弄到手。为此，他不惜痛下杀手，甚至把别人一家一族全杀了。他的后宫跟他关系非常复杂、混乱，如有的是大臣的妻女，有的是兄嫂弟媳、叔伯姊妹、叔母甥女……他自认为高贵、神武、伟岸，所有女人都应该崇拜他，主动送给他享受。

第一个和第三个愿望总算实现了，剩下了第二个。当时，金国周边有西夏、高丽、南宋，还有辽人的遗族。于是，他开始四处征讨。

野史秘闻

“小李白”陆游

孝宗皇帝曾问：“当代诗人可有如唐朝李白那样的人物？”大臣便报上陆游的名字，因此陆游在当时又有“小李白”之称。不过陆游的仕途一直不顺，传说是跟秦桧打压有关。陆游二十八岁参加浙江的锁厅试（现任官员及恩荫子弟的进士考试），被取为第一，但因为盖过了秦桧的孙子秦埙，所以秦桧大怒。第二年陆游又参加礼部考试，秦桧指示主考官不得录取陆游。

那时，生母已去世，她去世时完颜亮把嫡母接到燕京来。嫡母来后，看见他的所作所为，有些意见，对人说："国家世代住在上京，现在迁到中都（燕京），又要迁往东京，听说还要渡江伐宋，这样没完没了，人民怎么能受得了？恐怕要发生变乱呢。我劝说过皇上，皇上又不听，当成了耳边风。你看，现在境内的辽人又起来叛乱了，不是应了我的话了？唉，我看这事是不会有好的收场啊。"

完颜亮听得火起，宿怨新仇一齐涌上心头，恨恨地说："老太婆絮絮叨叨个没完，真是烦死了。我就是要迁都东京，就是要伐宋。"他还命令人监视嫡母，并放言："她再胡说，我就对她不客气了。"

不久，他就在别人的挑拨下派人杀了嫡母，焚烧了她的尸体，还把骨头扔在了水里。

没了人劝阻的完颜亮开始穷兵黩武，这引起了部下的不满，致使他后来命丧于伐宋的路上。

向历史借智慧

人间又见隋炀帝

学者柏杨把完颜亮称作"杨广第二"，把完颜亮的作为归结为"大头症"，这种病症的特点就是自命不凡（狂妄）、好大喜功、爱折腾，狂妄而听不进别人的意见，好大喜功就是能花钱，爱折腾就是喜欢搞事，简单说起来就是一个败家的主儿。自古民间教育子女的经验是"穷养儿子富养女"，如果富养儿子会怎么样呢？——估计养大的儿子就会跟杨广、完颜亮差不多。

赵构试皇储

绍兴三十年（公元1160年），宋高宗立养子赵瑗（赵伯琮）为皇太子。宋高宗立养子为太子，是无奈之举，也是宋太祖赵匡胤阴魂不散，得偿所愿。

宋高宗自1129年那次逃跑后，就失去了生育能力，他唯一的亲生儿子在两岁时突然夭折，这让宋高宗努力了很多年，也痛苦了很多年。在这很多年中，很多人都劝他另立皇储，但宋高宗暴跳如雷。因为这些家伙想让他从宗室后裔中挑选贤良之人做候补继承人，更有人单刀直入，让他立宋太祖的后代为皇太子。

宋高宗最终还是忍住怒气，公开表示："太祖皇帝（赵匡胤）神威英武，一统天下，但他的子孙却没能承嗣继统。如今遭遇乱世，太祖后裔更是凋零离散，真是让人落泪如雨。我若不效法仁宗（赵祯）皇帝为天下着想，怎能让太祖在天之灵安息？"

这段话里有两个典故。第一个是关于宋太祖赵匡胤的，赵匡胤称帝后虽然有四个儿子，但年龄非常小。太祖的母亲就对他说：

名臣风骨

奸臣事业，人去茶凉

1150年，皇宫卫队小队长施全刺杀秦桧，失败后被杀。1155年，秦桧死，一共做了十九年宰相。秦桧曾经问大臣宋朴：你看我跟古人中谁比合适啊？宋朴答：您比郭子仪强一点，但比张良差那么一点。秦问理由，宋朴说：郭子仪被宦官挖了祖坟都没办法，您却能让宦官在您面前大气也不敢出，所以您比郭子仪强；张良的功业是他退休了也没人动得了的，您呢，则是去不得的勋业，您一走，茶就要凉了。秦桧听了，大为感叹。

“孩子，你之所以能这么轻松地取得天下就是因为周世宗把皇位传给了一个小孩子，闹得人心不归附。如果当初他立一个年长些的皇帝，天下岂能到你手中？”

赵匡胤说：“我听老太太说说。”

他母亲就说：“你和弟弟光义都是我亲生的，一旦你百年之后，就传位给你弟弟。四海之广，百姓之众，能立年长的君主，才是社稷的福气。”

后来，赵匡胤死掉了，就把皇位传给了赵光义。可赵光义死后，没有把皇位传给哥哥的儿子，而是传给了自己的儿子。赵匡胤的皇位成了肉包子打狗。北宋后来的皇帝都是赵光义的后裔，而赵匡胤的后裔反倒日渐式微，默默无闻了。

第二个典故是，赵光义之后，皇位经真宗传至仁宗赵祯。这位仁宗体弱多病，一直没有子嗣。他的老婆曹氏便劝他在近支皇族中选一个男孩作为皇子，以备储位，若以后没有亲生儿子，就让他继承皇位，要是有了亲生儿子，可封为藩王，也不妨碍立亲生子为太子。仁宗觉得这个主意不错，就选择了年仅四岁的侄子赵曙，把他接到宫中，交由曹皇后抚养。后来，宋仁宗病死，赵

社会风情

皇帝所好是热门

宋朝重文采，宋朝的皇帝也多才多艺，书法造诣都相当厉害。宋高宗开始学习黄庭坚的书法，黄字一时成为全国热门。后来练习米芾的字，顿时全国掀起一股学习米字的风潮。再后来学习孙过庭的书法，又是一阵热潮，后来的宋孝宗和宋光宗都是孙字的爱好者。

曙就继位了，是为宋英宗。

宋高宗说完这些话后，朝野上下便群起上书，请求立太祖之后。有人给宋高宗戴高帽：如果要让太祖的后代来当皇太子，那真是尧舜的风范啊！

宋高宗被拍得很舒服，于是在绍兴二年（1132 年）正月，开始派人访求宋太祖的子孙，一共找到了一千六百多人。然后又选出七岁以下的儿童，再经过一番严格的审查，最后只剩下一胖一瘦两个孩子。瘦小的叫伯琮（赵瑗），赵构一看到他就想起了自己死去的孩子，正在想是否把他淘汰掉的时候。一只猫忽然从两个孩子身旁走过，伯琮一动不动，而胖孩子却伸脚踢了一下猫，赵构就皱了眉头，心说："此猫偶然经过这里，为何无故踢它？这个小孩如此轻狂，将来怎能担当社稷重任？"于是就将胖孩子打发走了，并把伯琮当成准太子来培养。后来，他在老婆的建议下，又选了一个叫赵伯玖（赵璩）的孩子，这两人随时准备 PK。

1160 年，高宗决定立太子。但二人各有千秋，不知立谁为好。于是，他想出了一个绝招。他赐给两人各十名宫女，让他们带回宫去，至于干什么，高宗没有说。

社会风情

奇特勒索案

官员王某的儿子，年十四，在学堂里假装御批圣旨，内容是：可斩秦桧以谢天下。这纸条内容太惊人！被仆人捡到，向王家索要一千金的封口费。王某不肯，仆人拿着证据告到官府。这种攻击太师的事情，官府也不敢隐瞒，报到朝廷，最后，这小小书生竟被判处死刑。好在正主儿秦桧发了话，说他才十四岁，还是个不懂事的孩子呢。于是免了死刑，流放。

当时，两人都三十左右了，十个宫女又都貌美如花，诱惑是不言而喻的。

赵璩领回宫女后，心里想，我们都不小了，赐给我们宫女，不是很明显嘛，就是看谁能先给皇上一个后代啊。既快活自己，又替皇上办了差，还能让自己有想不到的未来，哈哈，这样的好事第一次碰到。

于是，赵璩一路上越想越乐，回到家就开上工了。一个月下来，颇有收获。

赵瑗领回宫女后，心里一直在琢磨高宗的意思。他猜不透，也不知怎么办好。于是，他便向自己的师傅请教。师傅捻须思考了一阵，劝他还是不近女色为好。

赵瑗又派人去赵璩那边打听了一下，得知赵璩在进行人口生产，便觉得应该与赵璩有所不同才是，于是，他对那些漂亮的女人不理不睬。

不久，高宗调回了宫女，对她们进行了各方面的检查、调查，结果使得高宗对两人有了全方位的了解，于是，高宗做了最后决定，立赵瑗。

野史秘闻

只敢歌颂上司功勋

秦桧休了几天病假，没去上班，其他官员终于有机会跟皇帝单独聊天。等秦桧回来上班，叫来某官员问："听说你昨天和皇上聊国事聊了很久？"此人赶紧撇清："我跟皇上只说了太师您的功绩和德行，无人可及，除此之外，什么话也没说。"秦桧这才笑笑。秦桧死后，高宗皇帝私下跟人说："朕终于可以不用藏一把匕首上朝了！"

高宗调查后知道了什么呢？具体内容已不可知了。我们只知道高宗给吴后的说法是赵璩好色，行为不检，不可托付大业。

不久，高宗就正式颁下诏书，立赵瑗为皇嗣，后又立为太子。

高宗一生做了不少糊涂事，但他选的这个皇储却是很出色的。纵观整个南宋，赵瑗几乎是唯一的够爷们儿的皇帝。

向历史借智慧

任何考试都有标准答案

皇帝赏赐宫女，可以有多种理解：多生娃娃也是为朝廷做贡献，真不接纳她们的话，岂不成了不给皇帝面子？显然，标准答案并不在这里。琢磨明白了领导的要求，才能离标准答案近一些。如果领导要选拔一个敢于创新的人，那么经验是否丰富就不是关键；如果领导要选拔一个公关高手，那么技术能力考核就不是重点。

采石之战

绍兴三十一年（公元 1161 年），完颜亮派使者到南宋索要汉水和淮河以南、长江以北地区。南宋政府友好拒绝。完颜亮以此为借口，兵分两路南侵。

南宋积极应对，在黄牛堡（今陕西凤县东北黄牛铺）击败金西路军，正当金东路军渡过淮河时，完颜亮后院起火，完颜雍登基为帝，黄河以北地区立即响应新皇帝，完颜亮的后路被切断。但他是个义无反顾的人，虽然气得死去活来，仍然不肯停下南侵的脚步。

当年十一月，完颜亮带领主力部队在长江北岸的采石（今安徽省当涂县西北）杀驴誓师，宣称第二天渡江，攻取建康（南京）。完颜亮很可能是这样想的：你完颜雍在北面登基，老子我到南面为王。

完颜亮宣誓时，那位听他吹嘘去洛阳看牡丹的宋人虞允文来到采石犒军。

庙堂真相

完颜亮的故事

1160 年，南宋使节虞允文前往金朝，祝贺农历元旦佳节，回国时，完颜亮说：“明年我将在洛阳观看牡丹花！”虞允文回国后立即报告给朝廷。第二年，洛阳没等来完颜亮，杭州却来了完颜亮的使节队伍，有一个画家藏在队伍中，画家把杭州的湖山风景记下来，回去之后，画给完颜亮看；完颜亮又让他把自己的肖像绘在画面中的杭州吴山山顶上，并题诗“立马吴山第一峰”，以此作为自己已经旅游过杭州的证据。

虞允文是文官，对军事一窍不通，但外行也能看门道。他一到采石，就发现宋军形势非常糟糕，原来的军事长官被调离，新派的还没有到任。军无主将，人心不稳，很多士兵都懒散地坐在路边，随时准备逃离和当俘虏。

虞允文觉得不能见死不救，于是立即把人召集起来，慷慨陈词："前面是长江，后面是百姓，我们不守住这儿，百姓就要遭殃。金兵残暴，大家都有妻儿老小，只有不让金兵上岸，才能保护好他们。现在是危难时刻，我们当兵的有责任在这儿防守、抵抗！"

士兵们见有人出来做主，渐渐来了士气。

将领们也打起精神，发誓要把长江水灌进金人的肚皮里。于是，大家都行动起来，团结一致，布置防御，准备作战。

随行的一个官员见状悄悄对虞允文说："朝廷派我们来只是犒劳军队，而不是督战。我们这样，是不是有点越俎代庖？现在情况很糟糕，但也是别人留下来的，我们有必要背这个包袱吗？"

虞允文气愤地说："这算什么话？国家有难，我们就应当尽责。这个时候还考虑得失，有什么用？"

很快，虞允文就把军纪涣散的军队重新组织起来，他命令步兵、

名臣风骨

南宋最年轻宰相

范宗尹，长相肥肥白白，很是喜庆，每天光照镜子就要好几次，人称"三照相公"。令人惊奇的是，范宗尹三十一虚岁做参政（副宰相），三十二岁做宰相，死时仅三十九岁。也有一种说法是三十岁做宰相，三十七虚岁时去世。史称最年轻的宰相。虽然年轻，但该做的事一项也没落下，范宗尹死的时候，五个儿子都已娶亲，甚至连孙子都有了。——这是多么匆忙的人生啊！

骑兵整理好队伍，沿江布阵；又把江面的船只分为五队，一队在江中，两队停泊在东西两侧岸边，另外两队藏在山后。

附近的百姓也纷纷来助战，沿岸前来帮忙的人十里不绝。

第二天，完颜亮见江面没什么船只，以为采石的士兵都逃走了，大喜，可当他靠近时，却发现宋军队列整齐，严阵以待，不禁大吃一惊，后退已经来不及了，只得硬着头皮前进。

金兵刚一登岸，虞允文就命令步兵出击。士兵们以逸待劳，挥刀砍杀，士气旺盛。金兵这次南下以来还没遭到过什么有效的抵抗，一下子遇到这么强烈的冲击，立刻就垮了下去。

江上，金军的大船也大都被宋军的小船撞沉，金兵一半落水淹死，一半还在顽抗。

这时，虞允文又命令一支部队去山后装成疑兵，敲鼓挥旗，高声呐喊，让金兵感觉到大批援兵到来。还在顽抗的金兵果然中计，没了斗志，纷纷逃命。

完颜亮见状暴跳如雷，勒令军队第二天强渡长江，完不成任务者就砍死，刀剐，喂狼。

第二天，虞允文派水军主动出击，又大败金军。

庙堂真相

名将自保之策

杨存中是南宋初期名将，一次对一个平时最宠的将领无故惩罚，并逐出军营。该将领愤然辞去军职，花钱给其儿子捐官，进了御史台工作。后来，有御史将弹劾杨存中贪没军费十余万，将领之子把消息传给父亲，父亲再传给杨存中，杨存中赶紧妥善处置钱款并上报皇帝。过了几天，御史果然弹劾杨存中，皇帝因为之前已得到杨的奏报，所以不处罚杨，反而将御史革职。——原来杨存中和将领演了一出“苦肉计”。

完颜亮见在采石捞不到什么便宜，只好退回扬州，计划从那里渡江。但这时金军将士已不想和这个疯子共同疯狂，当听说金国国内发生政变、留在后方的完颜雍即位称帝的消息时，就杀了完颜亮，退回北方。宋军趁机收复了两淮地区。不久，新登基的完颜雍派人到南宋议和。宋金又和平友好起来。

向历史借智慧

朋友忠不忠，关键看人品

皇帝有很多种死法，完颜亮同学遭遇的，却是最惨的一种：在前线遭遇兵变被杀。由此可见，完颜亮的人品之差、人缘之坏，连一起出来打仗的兄弟都不愿陪他一起玩儿了。世上没有无缘无故的恨或爱，群众是不是拥护，得看你对他们好不好；朋友是不是忠诚，关键看你的人品如何。完颜亮性格暴躁，仗势欺人，所以一遇变故，个个都起来反对他、报复他。

太上皇“干政”

绍兴三十二年（公元1162年）六月，高宗在当了三十六年的皇帝后，觉得累了，而且也和平了，便传位给了养子赵瑗（同时改名为赵昚），是为宋孝宗。宋高宗则搬到德寿宫，过起了优哉游哉的太上皇生活。

德寿宫原来是秦桧的府邸，气势恢弘，园林精美。因听人说有“王气”，秦桧死后高宗便将它收归国有。德寿宫是在秦府的基础上改建的。高宗生性节俭，德寿宫不用大动土木，也算是为国家省下了一大笔花销。

高宗酷爱西湖，动不动就和一批官员在西湖上乘船游乐。后来，高宗觉得自己已退休，要低调，不能太过张扬，这样会惹老百姓、新继位的孝宗烦，就停止了这项活动。他在德寿宫中掘渠引水，造了个小西湖，然后又叠石为山，建了个飞来峰，这样，足不出户，又有了西湖的感觉。

当皇帝难，当太上皇更难。昔日的权威、繁华、热闹，一下

庙堂真相

金国是一块永久的心病

南宋最大的敌人是金国，南宋皇帝对金国人又恨又怕，心里只要一想到这个国家，就愁苦得吃不下饭，因此患上了心病：一见“金”字就头疼，不管是金子还是金国，只要遇到“金”字，就写作“今”字。

子没有了，让人心里空荡荡的，“凄凉”“寂寞”也难以形容这种感受的万分之一。不过，孝宗是个大孝子，每次退朝后他都会到德寿宫来拜见高宗，并成惯例。

高宗隐退后，自称不再过问朝政，放手让孝宗大干。他每天赏赏花，喝喝茶，有时也饮饮酒。尽管孝宗来看他时，常劝他少留恋杯中物。但繁华已过，晚景惨淡，不醉如何度日？

当然，高宗偶尔也插手些政事。一次，他去灵隐寺喝茶，有个行者对他很是殷勤，跑前跑后，照料得特别周到。高宗觉得奇怪，“以前很少见他啊”。高宗心里纳闷，便留心打量了他一番，觉得他气度、步伐都不同寻常。

于是，高宗问他：“你来寺里多长时间了？原来是干什么的？我看你的样子不像个行者啊。”

行者正等着他问话呢，一听，立刻停下手中的活，泪如雨下：“我原来是一个地方的长官，有一次没迎接好一位前来监察的官员，他便在皇帝面前说我的坏话，皇帝给我降了罪，剥夺了我的官，把我贬为庶人。我勤谨为民，节俭为官，没积下一点家产。现在断了收入，为养家糊口，就来这儿投亲，白天打点零工，赚点小

庙堂真相

皇帝的牙签

孝宗皇帝自控能力超强，生活上也特别节制。他有一盒牙签，一共二十根，一半绿色，一半白色。每次喝酒，先扔牙签，如果扔出来一根白签，则喝半杯；如果扔出来的是绿签，好运气，可以喝一满杯。如果实在还想喝点，咋办？继续扔牙签，但一顿饭里，最多也就三根绿签，再也不能多了。

钱过日子。”

高宗一听，觉得小子没大人盯着就是容易犯错，便当场对行者拍板：“我明天替你去跟皇帝说说，让他复你的官。”

过了几天，高宗又去喝茶，看到行者还在，便回宫叫来孝宗，吃饭时，一脸的不高兴。

孝宗觉察出来了，小心翼翼地问：“父皇，孩儿哪儿做得不好，让您不称心，惹您生这么大气？”

高宗不看孝宗，自顾自地说：“我老了，退下来了，也没人把我当回事了。前几天跟你说了那个行者的事，我今天去，看见他还在。你为什么不按我的意思办？是不是让我按程序给你写道奏折，求求你啊？”

孝宗一听，老头子火气很大啊，便说道：“我当时就把宰相叫了过去，问了问情况。宰相说这个人贪赃枉法，民愤极大，不判他死罪已经是宽大，再给他复职恐怕人家都会想不通。”

高宗听不进去，一挥手说道：“我不管。我都跟人家说了复他职，现在没有一点动静，让我以后怎么见人啊？”

孝宗无奈，只得说道：“孩儿一定照办。”

野史秘闻

也不看看媒人是谁

孝宗去给太上皇高宗请安，高宗问谏官们有什么新动向，孝宗回答：谏官都在弹劾阁臣郑藻。高宗说：“弹劾何事，是不是说他新婚，新娘是嫂子？”孝宗说是，高宗恨恨地说：“这些人真是一点也不给执柯者面子！”孝宗问执柯者是谁，高宗答：“正是朕也！”孝宗回去后，把弹劾郑藻的人全给流放了。执柯者，媒人也。

孝宗回去就叫来宰相，说道：“上次行者的事太上皇发脾气了，咱们为人臣子的得多替他着想，还是给那人复职吧。怎么复，什么理由，你来办吧。”宰相只好照办。

高宗是个能活的人，做了二十五年太上皇，1187 年才恋恋不舍地离开人间。

向历史借智慧

大人物的面子

高宗虽然退休了，但退休的皇帝也是皇帝，明明是自己犯了错，听信了一面之词，还死不承认，非要给自己找回来这个面子。因为是大人物，所以“面子”比小人物的就要大，也重要得多。小人物通常是被人嘲笑了，自尊心搁不住，才想起面子问题来；大人物则只要一句话没人听、有人听了没人照着办，就觉得“金口玉言”掉价了，没了面子。所以，大人物的面子虽然大，但也更累。

孝宗是个好领导

宋孝宗是南宋难得的一位好皇帝，也是一位很爷们儿的皇帝。早在做高宗养子的时候，他就不是很赞同高宗的偏安南方、委屈求和的政策，一心想抗击金人，打回北方，但因为不当政，所以没怎么表现出来。

公元1162年，完颜亮南下发疯，朝中多数大臣主张逃跑。当时还是皇子的孝宗十分气愤，主动向高宗上书，请求带兵与完颜亮打一场。后来他又再次上书，把请求的意思改为在高宗亲征时，让高宗带着他，好让他能随时保护皇上，长长见识。这让高宗看到了他的决心。

不久，孝宗上台亲自主政。他表面上不高声反对高宗的求和政策，但在处理政事时，却表现得与高宗完全不同——他为岳飞平反，驱除朝廷中的秦桧党人，起用主战派人士，联络北方抗金义军。

特别是他召主战派老将张浚入朝，共商恢复河山大计，在即

庙堂真相

孝宗的节俭

一个人如果没什么大本事，做不成什么大事业，那么自己生活俭朴点，为后人省点财富、积累些力量，也是值得表扬的。孝宗皇帝正是这样想的，他吃饭时，很少饮酒，常常吃素。高宗死后，孝宗守孝期满，仍然只吃素。吴妃心疼皇帝，就让人在素食里掺进些鸡汤，孝宗知道后大怒，把吴妃赶出皇宫。

位的第二年孝宗就发动了一次北伐。这次北伐虽然在短短二十天后就失败了，但没有动摇他对张浚的信任，更没动摇他恢复河山的决心。

孝宗把他的这些想法不时向高宗汇报，尽管高宗不怎么爱听。

一次，他去德寿宫问安，兴致勃勃地向高宗谈起了他的北伐计划、恢复河山大计，谈起了张浚等人的决心和建议。

这次，高宗脸色变了。高宗心里想：我是议和了一辈子，你一上来就颠覆我的政策，这是什么意思？所以，高宗心里很不舒服。

“皇上，你懂打仗吗？”高宗硬硬地说，“《孙子》说，不知道战争的害处，就不会知道战争有利的地方。所以《孙子》反复强调，战争是国家大事，是要死人的，国家有可能由此而勃兴，也有可能由此而衰弱，更有可能由此而灭亡，对战争要谨慎，不要轻易挑起战争，更不要主动去求战。《老子》也说，战争是凶险的事务。你不要整天光听那些主战的大臣瞎嚷嚷。”

孝宗想辩解一下，高宗摆了摆手，岔开了话题，问道：“皇上勤于政事，我很放心。不知皇上近来学问如何？”

孝宗不知道高宗葫芦里卖的什么药，顺口答道：“请父皇考验。”

庙堂真相

南渡诸帝之首

孝宗皇帝赵昚在位期间，政治清明，社会稳定，经济繁荣，文化昌盛，后世评价为“南渡诸帝之首”，即南宋诸多皇帝里，孝宗可排第一。还有人评论，“高宗朝有恢复之臣，无恢复之君。孝宗朝有恢复之君，而无恢复之臣”。是说高宗时将帅很厉害，但皇帝不行，高宗表面上喊口号要恢复故国，其实一门心思偏安南方。而孝宗想努力打回北方去，却已经没有了可用的将帅。

高宗问道："我们汉人最讲孝道了，请问你最近对孝有什么新的体会？"

孝宗不说话了，变得有点拘谨起来。他知道，孝很重要的一点就是"父死而三年不改其志"，也就是说，对父亲的做法、政策不要轻易改变。现在虽然没有"父死"，但他毕竟是接手了高宗的事业。

"父皇，祖宗好不容易创下的基业，不可轻易抛弃啊。我想您老人家其实一直很想做，只不过时机不好而已。现在时机好起来了，我来帮您做到。"孝宗鼓起勇气，说出了自己的意见。

"那就等我死了再说吧。到时没人拦着你，你想怎么做就怎么做吧！"高宗粗暴地打断了孝宗的话，进里屋去了。

这是很严厉的警告，等于要孝宗断了恢复中原的念头。

这一次的父子交谈虽然不愉快，但孝宗在北伐的失败中慢慢地冷静了下来。他不再冲动地去提北伐，而是静下心来治理朝政：把自己的事情做好了，自己强大了，就有利于北伐。

他整顿内政，严治贪官，改革财政，整军兴武。

他还严厉控制国家的支出，提倡节俭。为了真正使腐败的社

名臣风骨

仰不欺天，俯不欺人

南宋名臣黄洽屡请辞职，有人劝他趁着还在任上，应该先把房子盖起来。黄洽回答："我只是一个书生，能够被皇上赏识，提拔我做了大官，还没给国家做什么贡献，怎么可以先想着建私宅呢！"黄洽跟家里人常说的一句话就是："居家不欺亲，仕不欺君，仰不欺天，俯不欺人，幽不欺鬼神，何需刻意求什么福报呢！"

会风气得到扭转，宋孝宗以身作则，提倡节俭到了“抠门”的地步。

孝宗即位的时候，就不肯用乐，他觉得一切花里胡哨的东西最终都会使人走向奢侈。他日常花销很少，经常穿着旧衣服。他对大兴土木、修建宫殿之类的事不感兴趣。他平时很少赏赐大臣，以至于皇宫仓库里的钱放得时间久了，穿钱的绳子也烂掉了。

孝宗的节俭让高宗都觉得过分，说他“比大禹等古帝王还要省吃俭用”。孝宗自己说：“我又没其他的大本事，就是在节俭这一方面，做得好一点。”

经过孝宗的这样一番治理，南宋出现了“乾淳之治”的小康局面。

向历史借智慧

少犯错误的办法

一个人要怎样才能少犯错误，尤其是怎样才能少一些偏见呢？这个故事给出了一个答案：时时和与你意见不一样的人一起聊聊。俗话说，臭味相投，人们都喜欢跟自己相似的人在一起，而不愿意和自己为人处世反差较大的人相处。而由于经常和意见相同的人一起，意见总是相同，就碰撞不出新的火花，思维方式也总是停留在原地；和意见不同乃至相反的人在一起，就会听到一些新的声音，从而获得一些新的认识，也就可以少一些偏见，少犯一些错误。

孝宗皇帝的“长城”

孝宗登基，要做一件大事，也是一件险事，这件事就是恢复中原。想要恢复中原，必须要有得力干将，孝宗想到了多年来活跃在南宋军事舞台上的张浚张老人家。在金与南宋交锋最激烈时，张浚率军转战川陕、两淮等地，战功赫赫。金人曾对南宋的使者说：我天不怕地不怕，就怕姓张的。宋金议和后，张浚被晾起来了。完颜亮南下发疯时，宋高宗到建康（南京）为将士助威，刚被任命为战区司令的张浚跪在道旁迎接高宗，皇家卫队士兵都仔细观察张浚，其丰采令这些皇帝的保镖赞叹不已。

孝宗只能找张浚，因为到了公元1162年，敢和金人叫板的军人已经寥寥无几。孝宗召请张浚入朝，二人一见，客套话没有，张浚直奔主题：“议和不是长久之计，应立足于战。战的话，可命水军从海道攻击山东，与两淮之间主力配合，攻取中原。”

孝宗热泪盈眶，虽然他锦衣玉食，但精神黑暗如同身处鸡蛋壳中，张浚就是他的盘古。孝宗立即给了他一把大斧：江淮宣抚

庙堂真相

拿什么去扫平金国？

张浚做川陕战区司令员时，每和人聊天，总是说“金国人太猖獗，当一扫扫之”，别人问：不知道是用笤帚还是用扫帚？张浚哑了，说不出话来。扫平金国又不是用笤帚或扫帚来扫灰尘、果皮纸屑之类，谈何容易！梦想和雄心可以理解，但如果没有实力，终究只能落个空谈。

使（战区司令），加封魏国公。

张浚也是泪如雨下，向孝宗推荐虞允文等主战派官员，孝宗都委以重任，朝廷的主战气氛炽热，刀兵之声可闻。1163 年，孝宗再给张浚力量：任他为枢密使、江淮都督（战区司令），军府设在建康（南京）。张浚开始日理万机，孝宗也对他寄予厚望，每次南京来使者，孝宗都要询问张浚的工作、饮食、脸色、气色等情况，说："我倚重魏公，如同倚重长城，没有任何人和力量可以推倒我的长城。"

1163 年，金朝几个大将上蹿下跳地准备南侵。张浚在南京得到线报，立即向孝宗皇帝报告。孝宗认为这不可能，因为他要北伐还没有做好准备，金人怎么就南侵了呢？几天后，金人果然送来一封信，信是送给"傻子"的，上面有太多无理要求，连金人自己都觉得可笑，但这些不是重点，重点是信的最后说，如果南宋不答应这些要求，他们就要骑马渡长江。

孝宗暴跳如雷。张浚震怒，他从南京星夜兼程赶回杭州，指点孝宗："这是金人的敲诈，不可轻易答应，不然国无宁日。皇上，既然要战，我请您驾临建康，激励士气。"

名臣风骨

虞允文以德报怨

虞允文带着自己注的《新唐书》准备献给秦桧，不料却被同僚偷去署上自己的名字献给秦桧。这人又做贼心虚，到处说虞允文坏话。太守沈该和虞允文友好，聊起此人的品行，虞允文一个劲地说那人的好话，沈该说这人可是到处在诋毁您的名声，虞允文答："此人优点很多，缺点就是爱骂人。"有人想买下唐代名相裴度的旧居送给虞允文，虞允文拒绝："裴相那等值得尊敬的人，我取他家的东西，会内心不安。"

孝宗当然知道这是敲诈，见张浚血脉偾张，他连连点头。张浚继续说道："与其被动挨打，不如先敌而动，主动出击。我愿率军北上，出两淮攻击。"孝宗拍案而起："他要南来，我先北上！"

一位大臣听说皇帝要开战，汗流浃背："帝王出师，应该事先考虑周全了。如果只是心存侥幸，冒冒失失地出兵作战，而妄图求得成功，那是很危险的事。请皇上三思。"

张浚鄙夷地看了他一眼："敌人虽然没有宣战，但实际上已经宣战，难道我们要做缩头乌龟吗？"孝宗大叫一声："必须要打！"汗流浃背的大臣立即魂飞魄散，瘫软在地。

可惜的是，由于张浚所用非人，孝宗的这次北伐还不到一个月，就失败了。张浚赶到前线，找将领了解了一下战败的情况，看着败退回来的士兵，不禁仰天叹息："是我的错啊，我错用了人啊！"他又去其他地方看望了一下将士，告诫他们不要慌张，守好城池。然后，他向孝宗上了一道奏疏，希望朝廷给予惩罚，降他的职。

朝廷议和派心花怒放，连连上书指摘张浚，说他贪功冒进，欺骗皇上，才导致如此失败，应该严惩。

野史秘闻

张浚不靠谱

对于名将张浚，朝议可谓毁誉参半。高宗曾对孝宗说："不要相信张浚的那些虚名，这个人将来必误国家大计。而且这个人专拿国家名器、财物去做人情。"据说张浚有一本小册子，每结识一个人，都要问清楚对方的底细，然后记录下来。又拿国家的官职和财物去赏赐手下。这些都令高宗对张浚深恶痛绝，传言高宗甚至说出"宁失天下，不用张浚"的狠话。

孝宗不为所动，给张浚下了封诏书，宽慰他道："抗击金国的事，我是完全依靠您，请您不要听信他人的话。您继续进行军事上的安排，不要有所顾忌。当日出师是我们讨论后共同的决定，有责任我也会和您一起承担。"

张浚收信后内心万分感激，继续安排两淮的战务。但议和派的声音越来越大，连已经退位的高宗也从幕后走到台前来给孝宗施加压力。

孝宗虽与张浚志同道合，一心北伐，但无奈即位的时间不长，威信还不是很高，迫于议和派的压力，只得降了张浚的职。

但孝宗对待张浚一直礼遇有加，对身边的大臣讲到他时，都称呼"魏公"，而不直接称呼他的名字。不久，孝宗又恢复了张浚的官，后又升他为右丞相。但是，张浚已无力回天，1664年，张浚离开人间。临死前在给儿子的遗书中说，因为不能辅助皇帝恢复中原，没脸见祖宗，死后不要把他葬在祖坟旁边。

向历史借智慧

生活需要妥协

有人主战，有人主和，即使是都主战，具体战术、具体将领人选也会有不同。所以，只要是有人的地方，就会有冲突和斗争。所以，人们相互之间需要妥协。

这是年轻人必须要懂的一个道理，不懂得生活需要妥协的人，容易犯一意孤行、走向极端的错误，结果就发觉人生的路越走越窄。当然，妥协同时又是各方综合力量斗争的结果，在冲突中坚持不懈地做出努力的人，可以为自己争取一个较有利的妥协结果。

二十天的北伐

公元1163年，金人向南宋提出了对海、泗、唐、邓、商五州之地的主权要求，南宋朝廷断然拒绝。金兵马上屯兵金宋边境，摆出一副要进攻南宋的架势。张浚主张先发制人，但是调动军队要履行很多手续，这些手续要通过三省与枢密院来完成。这一年四月，孝宗为了防止主和派的反对，绕过三省与枢密院，直接给张浚等人下达了北伐的诏令。

张浚接到诏令，星夜赶回建康（今南京），调集八万兵马，号称二十万，由大将李显忠和邵宏渊率领，分两路北上。不久，两路人马会合于金人把守的军事重镇宿州（今安徽宿州）城下，并顺利进入宿州。消息传来，孝宗与张浚大受鼓舞，要求他们趁势扩大战果。

战果无法扩大，因为两个内战专家闹起了矛盾，而且越闹越大。

原来，邵宏渊是个输不起的人。在攻打宿州之前的一场战役中，他久攻不下。后来李显忠派人去劝降，顺利地拿下城池。孝宗升

名臣风骨

李显忠

李显忠（1110—1178），据说是李唐后人，被宋朝皇帝赐名“显忠”，少年时便随父征战金国。金兀术进犯河南，李显忠作为南宋野战军司令，与李贵一起攻破灵璧县。金兀术又进犯合肥，李显忠支援张浚。李显忠一生驰骋疆场，被大宋皇帝视为顶梁柱。

了李显忠的官，任命邵宏渊为他的副手。邵宏渊自然在面子上过不去，嘴巴也就门户大开，经常讥讽李显忠。李显忠不跟他一般见识，但他不知道邵宏渊是个给脸不要的人，对待这种人，最好的办法就是以牙还牙。邵宏渊的“贱人”习性发作，他怒不可遏，向张浚撒泼，说自己就是死也不受李显忠的节制。张浚为了息事宁人，只好同意了他的无理要求。

当然，李显忠也不是一个合格的领导，在分配宿州城中金人的财物时，邵宏渊建议全部赏给士兵。李显忠小家子气，不同意，可又对自己的部属随意搬取财物不加约束、惩治。邵宏渊觉得李显忠处事不公，趁机挑唆士兵，两方人马已经势同水火。

这时，金军十万人前来夺宿州。

李显忠急忙找到邵宏渊，希望他可以放下之前的芥蒂，联合起来，主动出击。邵宏渊看到李显忠着急的样子，总算是出了口恶气，很冷淡地说：“敌军气势汹汹，志在必得，我看还是守为上。”

李显忠没想到大敌当前，邵宏渊还在耍小性子，非常生气，说道：“我只知道前进，没想过后退。”说完，就率领他的部队开到城外，主动出击，并督促将士拼命向前，有后退者当场砍头。

庙堂真相

神秘的西夏

西夏于1038年建立，1227年灭亡，其间共有十一位皇帝。由于对蒙古军队的誓死抵抗，灭亡后，西夏文明的遗产在蒙古人的洗劫下毁灭殆尽，留给后人的是一个又一个的谜。元人修史时修了《宋史》《辽史》和《金史》，独独没有《夏史》。直到1972年被世人誉为“神秘的奇迹”“东方金字塔”的西夏王陵的发现，世人才对它有了一点儿了解。

将士们奋勇作战，一鼓作气将金军击退了。这样奋战了几天，金兵一直没有跨进宿州城半步。

但城里的邵宏渊开始对部队说些不负责任的风凉话。当时天气炎热，守城部队脱掉铠甲，还是汗出如雨。邵宏渊装模作样过来巡视，对部属说："天气这么热，就是找个阴凉的地方。使劲扇扇子都热得不行，有人却还在大日头下穿着铠甲苦战，不是有病吗？"守城士兵听得哈哈大笑，士气就泄了下去，人心开始动摇。

当晚，邵宏渊的一位部将做了噩梦，跳起来大喊大叫，说金兵打进来了，赶快逃命，带着部属离城而去。其他部队一见，也有几队离开了宿州城。

金兵趁机攻城。

李显忠这时已进驻城里，连忙指挥人马防御，左支右撑，好不容易将金兵击退。李显忠看到邵营的情形，大怒，责问邵宏渊为什么这个时候还不好好管理部队，配合抗敌。邵宏渊等的就是这句话，他大怒："失败了，你怨我；成功了，你出风头，老子走也！"

邵宏渊一走，李显忠就成了孤军，失败已经注定。他仰天长

野史秘闻

张孝祥三问

张孝祥进入官场后，力主为岳飞平反，"今朝廷冤之，天下冤之，陛下所不知也"，当时秦桧把持朝政，岳飞一案无人敢提，张孝祥此举堪称石破天惊。张孝祥又上疏揭露秦桧罪行，有人劝他收敛锋芒，张孝祥说："没有锋芒，我考进士干什么？明明有锋芒却藏起来，我考进士干什么？秦桧误国，我不攻击他，我考进士干什么？"

叹："老天，你难道要作弄我们大宋吗？好好的形势就这样被丢失掉了。皇上，魏公，为什么要让我和这样的人配合？"李显忠也只得连夜撤离了宿州。宋军因此全线崩溃。

金兵趁着混乱占领了宿州城，因为不明宋军底细，没有追击。

孝宗的这次"北伐"只坚持了二十天，就在两将的"内斗"中灰飞烟灭了。

向历史借智慧

如何对付拆台的同事

爱拆台的同事到处都有，干活时他不管，分功劳时他来抢，或者当面唱高调，背后使阴招。对付这种人，忍是最笨的办法，但如果是平常日子，没什么大事，他想拆台也没得拆，不妨就睁只眼闭只眼，随他的便。但如果是重要关头，那就不能学李显忠了，可行的办法就是比对手更狠：临战前，或者驱逐对手离开，或者解除他的兵权。总之，命运要掌握在自己手里，而不是寄希望于对手的良心。

汤思退的诡计

公元1163年，南宋北伐失败，孝宗让宰相汤思退主持议和事宜。

汤思退是主和派的老人了。秦桧在时，他跟着秦桧干，现在秦桧去了，新皇上任，他就是主和的领袖。

真是成也金人，败也金人。“皇上刚即位那会儿，整天叫着北伐，我们一个劲儿地劝，说金人来了，金人来了，要他千万不要轻易开战，他就是不信。这回怎么着，短短二十天，就败了回来，而且，金人真的来了。知道害怕了吧？干吗这么冲动啊？”汤思退捋了捋胡子，摇了摇头，感慨孝宗太冲动：“唉，年轻人啊。”

到了朝堂，主和派的都围过来，像找到了组织，兴高采烈的。主战派的就叽叽喳喳议论开了。

汤思退不理他们，直接提出了议和人选，要求孝宗委派。孝宗同意了。

很快，使者回来，带回了金人的议和条件：一、南北朝廷在

庙堂真相

“满朝都是女人”

史书有言：“宋人议论未定，兵已渡河。”说的就是宋朝廷老是意见不统一、内讧不已的情形。1164年隆兴和议签订时，主战派大臣胡铨发表评论说：“我们不应该签这和约，而应该把钱省下来整顿军备，这样才能免去向金朝称臣的耻辱。《左传》上说‘不要听信妇女之言’，而我们现在，满朝官员都是女人呀，他们的话不能听！”

通国书时，以叔侄相称——金为叔，南宋为侄；二、割让海、泗、唐、邓四州给金国；三、每年给金国上缴银币，数量和以前一样；四、金国的叛臣交还给金，中原地区的人民让他们回中原。

朝廷一片哗然。汤思退觉得割让四州可以接受，但岁币有点多，几年来打仗没停过，国库空虚，能减一半最好。

主战派则完全不能接受，觉得条件苛刻，丧权辱国，一致反对，还要求老将张浚回来商议。

孝宗一时无法决断，折中了一下，没让张浚回朝，一边让他继续在江淮一带布防，做战争准备；一边派了个主战派使者前往金国通好，拖延一下，也好进行下一步的磋商。

“这么吵吵闹闹、拖拖拉拉的怎么行？”汤思退想着，皇上刚上任时不是很果断吗，现在被打痛了就畏畏缩缩起来啦？唉，年轻人。不行，我得想办法，赶紧把和约给签了，不然无法保障和平。“什么能守才能战，能战才能胜？白纸黑字，和约才是最根本的保障。”

机会来了。主战派的使者很久才回朝廷，一问，原来是被金国拘禁了起来，最后金国皇帝出面才放了他，让他回来告诉南宋

庙堂真相

“一桧死，一桧生”

秦桧病重的时候，找来参政董德元和枢密使汤思退商量后事，并各送上了黄金千两。董德元想，宰相这是拿我当自己人呢，所以不敢不收；汤思退想，我要收下了，宰相会以为我盼他死呢，所以不敢收。高宗知道后，说汤思退不收秦桧的礼物，可见汤不是秦桧一党的，所以提拔他当宰相。当时人讽刺这件事说：一个秦桧死了，另一个秦桧又出生了！

朝廷，金国很有诚意，南宋这边不要拖拖拉拉的，他们金人就喜欢直接。

“皇上，我看金国对议和是很真诚的，希望我们不要错过机会。”汤思退对孝宗说，“而且，咱们现在的确国库空虚，不能再战，请皇上决定下来，赶快达成协议，不然于国于民不利啊。”孝宗点了点头。

“为表示我们的诚意和上次拖延的歉意，我建议把两淮地区的军队撤去一部分，缓和一下气氛，不要每天剑拔弩张的。”

“嗯，可以。不过得先问问魏公。”孝宗又点点头。

“上次不是有人提议让魏公进京吗，我觉得朝廷现在就可以把魏公调回京城任职。魏公这几年为国操劳，也该让他回来放松一下。”孝宗一一同意，下诏派人办理。

接着，汤思退使出了第二招——从张浚身上做文章。

张浚既是主战派领袖，擒贼先擒王，搞掉了他，主战派就没什么力量了，到那时，他们就只会成天喊空话了。空话，皇上还是能分辨得出来的。汤思退捻了捻胡须，又想出一条计策。

他命令言官收集张浚在边境浪费国家资源和飞扬跋扈的证据，

名臣风骨

状元词人张孝祥

张孝祥是著名词人，参加进士考试，皇帝钦点殿试第一，抢了秦桧儿子的状元。秦桧非常恼火，当张孝祥参见他时，便故意刁难：“状元的文章诗书都受到皇上称赞，不知状元向谁学来？”张孝祥话中带刺地回答：“我学的是颜（真卿）书，读的是杜（甫）诗，不知丞相有何指教？”秦桧冷冷地说：“天下好事都让你占尽了！”

以弹劾张浚。

很快，证据来了：张浚主张开战，浪费了太多国家资源，仅船只就数不胜数。至于飞扬跋扈，张浚对他手下的将军太严苛了。在证据面前，孝宗迫于压力，罢免了张浚，并逮捕张浚一派二十多人下狱，主战派被打倒了一大片。张浚忧国心切，过了几个月，就得重病去世了。

张浚一去，议和就没什么大的阻力了。汤思退修改了一下议和条件，把岁币减去一部分，派使者再次前往。

但在这之前，汤思退认为还有一个阻碍。手下人问是谁。

"皇上！"汤思退说。

"皇上？"手下人险些从凳子上掉下来。

汤思退让他们坐稳了，解释说，如果皇上中途变卦，我们的向往太平之举就成了镜花水月，所以，必须要再出一招。汤思退叫其他人退了出去，留下一个人耳语了一阵，让他赶紧去办。

不久，边境就传来了金军入侵的警报，因指挥乏人，准备不足，宋军一触即溃，再触再溃。孝宗接到消息，焦急如焚。这是汤思退致命的一招，让金兵进攻，用重兵迫使孝宗赶快签下协议。

野史秘闻

汤思退应对

汤思退是高宗、孝宗两朝的宰相。一天高宗和汤思退聊天，问汤思退："你家乡可有什么奇异之处？"汤思退回答："有啊，臣乡有石僧题咏：'云作袈裟石作身，岩前独立几经春？有人若问西来意，默默无言总是真。'"高宗听了很欢喜。其实，这纯属汤思退临时编的，根本就没有这回事。汤思退连夜派人回去老家，在石僧边上刻了这么一首诗，于是，一切就成真的了。

但金兵一动就刹不住脚了，南宋边境的形势越来越危急。这时，又有人提议干脆放弃两淮，退守长江。

退守长江，国家就危险了。主战派急忙出来阻止。孝宗也清醒起来，觉得汤思退欺骗了他，便罢免了他的职务，把他贬往永州。汤思退觉得自己为国操劳，却落得如此下场，忧愤交加之下，走到半路就死了。

汤思退虽然死了，但宋金议和还是有了结果。1164 年 12 月，宋金经过漫长的反复的磋商，在不平等的基础上终于达成了和平协议，是为“隆兴和议”。

和约签订后，双方还算自觉遵守。

向历史借智慧

小马过河的道理

国家一有大事，朝中就争吵纷纷，战有战的正义，和有和的理由，都觉得自己是为国为民，这就是南宋一朝的乱象。南宋朝廷就像那个“小马过河”的故事：小马要到河的对岸去，牛告诉它，河水很浅，趴着都能过去；松鼠警告它，河水又深又急，一转眼就能把它冲走……牛和松鼠都不是坏蛋呀，小马不知道该听谁的。在犹豫、摇摆间，南宋就亡了。遇事不作理性分析，只靠听人说来判断，只能误事。

孝宗与虞允文

公元1163年北伐失败后，孝宗对用兵之事既爱又恨，所以转移情绪，开始集中精力整顿内政，同时进行各种必要的准备，等待时机，以再图收复河山。

他给自己打造了一把黑漆的铁拐杖，经常拿着它锻炼臂力。他还让人在办公室外面做了匹木马，完成公务之余，就骑在上面练习射箭。他经常对人说，他要带头练习武艺，好带动全国人民，不忘“靖康之耻”，行动起来，打回北方老家去。

他还经常带着铁拐杖去各地阅兵。这一天，他来到了淮东神劲军。看到士兵们身强体壮、精神饱满，他非常高兴，就对将领说他想看看士兵们的操练。有将领让带队的将佐去指挥操练。将佐一声命令，千万只箭飞上了天，随后齐刷刷射向了目标，把它射成了马蜂窝。

“好！”孝宗兴奋地叫起来。神劲军刚恢复建制，就训练得这么好，看来人民的力量是无穷的。孝宗想道。

庙堂真相

多做实事，少喊口号

1171年，孝宗在重用虞允文的同时，也想起用另一名主战派大臣刘珙到中央主持军务，但刘珙不接受，上书论述说，现在国家的当务之急是恢复，根本问题在于皇帝要加强自身学习，寻求贤才，选拔优秀的将帅，加强军队训练、提高战斗力，不要空喊恢复口号，要做点实事，少扯淡！1179年，刘珙在南京市长（建康知府）岗位上去世，临死前，还为国耻未雪而愤恨。

原来，神劲军起初是一支民兵组织，叫万弩手，在抵抗金兵的过程中发挥过很大的作用。但后来由于主和派的主张，朝廷不允许如此强大的民兵组织存在，就解散了万弩手。1169 年，孝宗看到朝廷军队的战斗力实在无法满足他的要求，贯彻他的意志，就开始把目光投向民间。他恢复了万弩手，更名为神劲军，规定每年八月到次年二月集中训练。这样，就为两淮前线增添了一支生力军。

孝宗看着看着来了兴致，走下看台，叫人拿来铁拐杖，脱下衣服，当众舞了起来。士兵们停止了练习，围上前来观看。

只见孝宗稳稳地舞着拐杖，一会儿速度就快了起来，到后面，变成一团黑影，罩着孝宗前后左右和头部。孝宗在黑影中跳纵腾挪，进退自如。舞了一阵，只听得孝宗大喝一声，跨步收手，把拐杖用力地插进了地里，地上腾起了一层黄尘。

士兵们齐声欢呼万岁。

孝宗微微喘着气，摆摆手，示意士兵们继续训练。

孝宗在练兵的同时，大力重用主战派将领虞允文。1167 年，孝宗任命虞允文为枢密院知事，让他主政四川。1169 年，孝宗把

名臣风骨

翟汝文斗秦桧

秦桧为宰相，副宰相（参知政事）翟汝文跟他很不对付。两人经常为工作上的事吵得脸红脖子粗，秦桧骂翟汝文“狂生”——大胆狂徒；翟汝文骂秦桧“浊气”——坏东西。两人吵得不可开交，秦桧告到高宗那里，说翟汝文“擅以私意治吏事，伤国体”——不识大体；翟汝文说秦桧“私植党羽，谗害善良”，很可能是金国奸细。吵了很久，最终还是秦桧胜利，翟汝文做了两个月的副宰相，即被贬职。

虞允文召回朝廷，让他当宰相，处理军政大事。虞允文在财力、物力、兵力方面做着积极准备，计划再次北伐。

但同时虞允文又顾虑重重。1163 年北伐时，孝宗对和战摇摆不定，最终接受了屈辱的和约。再次北伐，孝宗会怎样呢？虞允文心中没底。

而且朝政上也潜伏着危机，孝宗对当太子时的一批旧人十分宠信。但这批人除了捞钱就是整人，既非能臣，也非干将，唯利是图。一旦北伐出师不利，虞允文担心平时看不惯这些人的自己会陷入朝野上下的重围，如果孝宗不听他的而相信这些人呢，到时说不定还会招来杀身之祸。

于是，1172 年，虞允文辞去相位，又去了四川战区担任司令。他刚走，孝宗就任命了坚决反战的一位大臣为宰相。这样的人主政，肯定会对虞允文的行动进行千方百计的阻碍和牵制，这又怎么让虞允文放手大干呢？

所以，尽管虞允文在临去四川时，孝宗要求他到四川后立即出兵，与江淮军队会师河南。虞允文忧心忡忡，他担心孝宗到时会不配合他。孝宗虽当即就做出了慷慨激昂的保证，但虞允文还

野史秘闻

虞允文劝架

太上皇高宗生日，孝宗送上大批礼物，但因为战事，手头吃紧，比往年少了一些，高宗非常不高兴。孝宗是个孝顺人，赶紧找来虞允文商量，虞允文说："我去劝劝！"虞允文见到高宗，高宗还在发牢骚："朕老了，老而不死，所以被人讨厌、嫌弃了啊！"虞允文说："皇帝对您可好了，这次都怪我。是我说陛下圣寿无疆，生民膏血有限，我们要用生民有限之膏血，增益陛下无疆之圣寿。"高宗听了很高兴。

是有顾虑，到四川后，虽积极准备北伐，但又一再以没准备好为借口推迟出兵时间，甚至劝说孝宗等待时机。这等于拒绝了孝宗的北伐要求，孝宗恢复中原的计划又一次落空。

淳熙元年（1174 年）二月，虞允文因病去世，孝宗深受打击，名将陨落，后继乏人，他只能徒叹奈何，到后期，他更感觉力不从心了。不过，也正是虞允文的离世，才让孝宗彻底灭绝了北伐的念头，宋金和平长达四十多年。

向历史借智慧

做一个更坚强的人

整部南宋的历史，就是在战还是和的摇摆中，以及打又打不过、求饶又不甘心的又痛又恨中，抑郁而终。南宋的挣扎让人读起来压抑、沮丧，但这实际上就是普通人的人生：没人替你做主，没有强大的依靠，一切都要靠自己；生存环境险恶、生活压力大；可能经历痛苦与挫败，如被欺负而无力反击，内心彷徨，软弱；人性复杂，一路上难免会犯各种各样的错误……南宋最缺的一种品质是坚强，如果想要一个更好的人生，那么，请一定要坚强！

范成大出使金国

时间到了公元 1170 年，孝宗派范成大出使金国。

“前头就是旧都东京城了。这真是东京？为何如此荒凉？”范成大激动的心情变得悲怆起来。

“残破啊。”范成大的心越来越往下沉，“这就是往日的大都会？简直就是废墟啊。”

进了城门，他看到的是几堵破墙，风刮过来，尘土也扑面而来。尘土中，走来几个金人模样的人，一问话，才知道是汉人，不过是剃了头而已。

走过几个村庄，碰到几位老人，才感觉这里曾经是汉土，是皇城。老人看见他穿着汉人官服，拉着他的手，一路相送，一路感叹：“现在的孩子，都学金人去了。唉， 金国仔啊，金国仔。”又不停询问：“咱们的人马什么时候打回来？皇上什么时候回来啊？”

范成大无语。他这次出使金国，任务有二：一是恳请金国归

庙堂真相

皇帝也需要减压

1175 年，孝宗亲自主持举人考试。四川考生杨甲在国策考试答卷中说：“朝廷恢复中原的意志不坚强，原因有两点：第一，后宫多佳丽，皇上的意志被美女消磨了；第二，国策考试以来，不谈军事等实际问题，只研究些虚泛空洞的话题。”孝宗看了这份卷子，很生气，但后果不严重，杨甲还是名列第五。杨甲说得有道理，但皇帝不是铁人，国家压力大，皇帝扛不住，热爱美女就是一种减压办法。

还皇陵所在的河南巩洛一带的土地；二是重议两国交换国书的礼仪。前者写在国书里了，后者需要他去积极争取。

范成大特意去看了看北宋皇陵。神道前的双阙还在，但大半遭到了破坏，不是檐角掉了下来，就是檐顶秃了，或者是长满了野草。琉璃剥落，失去了往日的光彩。草木倒是很茂盛，正好是孤魂野鬼玩耍的好地方啊！“这样子下去真是不行啊。这次一定要要回皇陵，不然再过几年真不知会成什么样子了。”范成大觉得责任重大。

有多少把握呢？范成大理了理思绪，想起了临行时和孝宗的一番对话。

范成大当时向孝宗表示自己绝对能圆满完成任务。但孝宗说：“巩洛形胜之地，金人轻易不会放手。至于礼仪，倒是可以争取一下。”

原来，金宋两国交换国书，金国使者到南宋，捧着书上殿，南宋皇帝要走下御座来接。到孝宗初年的时候，这些规矩做了些改变，使者上殿，让跟从的人把国书进献上来。后来，孝宗北伐失败，汤思退为相，又恢复了以前的礼仪。这几年，孝宗有些后

野史秘闻

做宰相的条件

做官都想当宰相，没有条件创造条件也要上。孝宗想用范成大为宰相，但顾虑范成大不懂农事，不知稼穑之艰，就没成。范成大因此猛攻田园诗，描写农作生活之苦，终于做成宰相。让人想起北宋的寇准，皇帝想用他为相，但嫌他太年轻，寇准因此把自己须发都染白，以示成熟。

悔，希望改成最初即位时的礼仪。金人虽比不得汉人视礼仪如命，但对这种高规格场合的细节，还是挺注意的。所以，孝宗虽后悔，但也感觉有没多大把握。

到了金廷，范成大秘密撰写了一道奏章，塞在袖子里，来见金世宗完颜雍。

范成大递上国书，一边慷慨地说："我们汉人崇拜祖宗，所以祖宗死后必厚葬。葬后还得定期洒扫，视死如生，不可怠慢。所以，我们才一再提出要求归还巩洛之地，至少得允许我们去祭拜、洒扫。这次我路过东京，见陵园残破，感觉实在是愧对祖宗。"金世宗很理解祖坟被人家挖掉的心情，于是同意商量。

范成大蹬鼻子上脸，拿出秘密奏章，大步向前，递了上去，说道："我再奏上一章。两国既然是叔侄，接受国书的礼仪很不合理，请给予考虑，修改一下。"

金世宗一愣，见范成大递奏章，又有点吃惊，还从没见过外国使臣给自己上奏章的，便答道："你在这里上奏章，不大合适吧？"说完，把奏章扔回给了范成大。

范成大也不管那么多，捡起奏章，又递了过去。金国太子见

名臣风骨

诗坛盟主杨万里

杨万里有"一代诗宗"之名，是当时诗坛盟主，他一生作诗两万多首，现在流传下来的还有四千多首。但这位盟主，为人清直，个性刚褊，孝宗和光宗两任皇帝都不喜欢他。他也有自知之明，在做京官时，早早就给自己预备了回老家的盘缠，又让家人不要多置物品，一旦罢官，随时可以来一场说走就走的旅程。

状大喝一声：“你再无礼，就拖下去砍了。”

金世宗摆摆手，只是叫人把范成大拉了下去。第二天一大早就给了他回书，让他赶紧走。在回书中，金世宗还是那个意思，归还巩洛之地的事可以商量，但礼仪绝不可更改。

范成大的出使就这样结束了。虽然没有达到预期目的，但他的风骨、忠义把金世宗打动了——弱国也只能这样，去争取一点精神上的尊严。

向历史借智慧

“几时真有六军来？”

在出使途中，范成大写下了一首诗来抒发心情：“州桥南北是天街，父老年年等驾回。忍泪失声询使者，几时真有六军来？”旧都城的街道上，做了亡国奴的百姓年年等啊盼啊，等着大宋皇帝的车驾回来，盼着大宋的军队来收复故土，这回真的见到了使者，便赶紧问一声，什么时候我朝军队真的会打过来啊？国难民苦，一个人的命运是和时代、国家的命运分不开的，只有国家富强和谐了，人民才能有好日子过。

辛弃疾盖军营

“雨，又是雨。”辛弃疾看着檐外的雨帘，一阵烦闷。

时间是公元1180年，潭州州长辛弃疾正在想着心事。

辛弃疾曾在北方领导义军抗击过金国，失败后来到了南方。虽一直在几个地方轮换做着地方官，但他始终没放弃过抗金事业。

到潭州后，他见当地民风彪悍，夫妻吵架都以命相搏，便产生了一个想法：招募当地人，创建一支军队。名字嘛，就叫“湖南飞虎军”——潭州在洞庭湖之南，属南宋湖南路。

这是一个危险的举动，谁都知道朝廷最厌恶的事就是地方官拥有军队，厌恶它超过挨金兵的打——也就是说，朝廷宁愿被金人打得到处跑，也不愿一个地方官或某位将领多年带着一支强大的军队。“宁予外人，不给家奴”，朝廷的心思从来就是这样，对自己人的防范胜过对外人的防范。

但辛弃疾管不了那么多，他之所以做官，全是因为要北伐，而北伐必须有兵。

庙堂真相

豪放派词人辛弃疾

辛弃疾，出生、成长在沦陷区，二十一岁时组织了一支抗金志愿军，有两千来人，这是辛弃疾军旅生涯的开始。这一时期，他还组织过一次敢死队，战果突出，名重一时。之后，他一直在南宋任职，虽然念念不忘要再上战场，但朝廷没有给他机会，所以，在大部分的时间里，辛弃疾就靠写壮怀激烈的诗词来打发日子。结果就是，热衷于征战沙场的辛弃疾终于没能成为将军，而成了著名的豪放派词人。

但他还是低估了朝廷的另一派——主和派的力量。在接到辛弃疾的报告后，他们立即做出激烈的反应——极力反对，并以辛弃疾聚敛民财为罪名向皇帝控告他。起因是，当时辛弃疾要在一个旧营垒上建造一个规模很大的新营房，这绝对是笔极大的花销。

孝宗皇帝对贪污最反感，于是命令辛弃疾立即停工。

皇帝的态度很严厉，惩贪之意很坚决。但辛弃疾一点都不害怕，因为他决定采用另外一种方式来进行：他命令部属不要声张，悄悄进行，并加快速度，限期一个月内完工。

但就在这时节，下雨了，一连下了几天。真是一事不顺，事事不顺啊。辛弃疾有点苦恼。工程会遇到什么困难呢？他盘算着，希望想到提前解决的办法。

这时，工程管理人员前来报告，由于秋雨不断，窑工无法抟泥做瓦，没有瓦，房子就没法住。

“嗯……”辛弃疾沉思着。有问题就好，及时报告，及时解决，好事。“需要多少瓦片？”他问道。“二十万片。”潭州城现有一万户左右的居民，一户二十块就可以解决了。辛弃疾心里一盘算，说道：“好，这个问题我来想办法。还有困难吗？”

名臣风骨

辛弃疾求表扬

辛弃疾在南徐做官，每次宴会，必命人唱他的词作《贺新郎》，尤其“我见青山多妩媚，青山见我应如是”“不恨古人吾不见，恨古人不见吾狂耳”等句，自己先陶醉得不行，然后请客人们指教，别人哪好意思指教，只能一个劲地称赞。后来又出新作《永遇乐》，名句有“千古江山，英雄无觅孙仲谋处”“凭谁问：廉颇老矣，尚能饭否”等，他又特意请人来指教，有客人指出瑕疵，辛弃疾却跟没听见似的，根本不搭理。

工程管理人员报告说还有垒院墙和扩建道路的石块特别紧缺，他现在赶工期，人手都用上了，弄石块的人手就不够了。

人手？牢里还有不少囚犯，可以在这方面想想办法。我去跟管公检法的哥们儿商量商量。辛弃疾于是答道：“好了，赶紧去吧。这个我也来帮你弄。有什么问题及时汇报，别耽误了工期。”辛弃疾嘱咐了几句，让他去了。

下午，潭州城内外的居民就听到了一个消息，说官府大量收购瓦片，每家若拿出二十块以上，官府立刻付给每片瓦一百文的报酬。“可信吗？”“可信，地保亲自过来说的。”于是，大家一齐行动，不到两天，二十万片瓦就堆到了营房工地上。

同时，大家又听到了城北的石头山炮声不断，炸得石头掉在地上咚咚响，震得附近的房屋都晃动起来。中间夹杂着一片叮叮当当敲打的声音。“听说，辛大人放出囚犯出来采石了，采到一定的数量，就可以减刑，采得更多，还可释放出狱。如果他们愿意，还可以报名当兵。所以，这些人才欢天喜地地在这儿冒雨干活。”

很快，石块也如数堆放在了营房工地。工地管事的人看见这些，连称辛大人英明，让建房的也加把劲。营房如期完工。

野史秘闻

辛弃疾好杀

辛弃疾性情张扬，急躁冒进，贪财好杀，引起很多人的不满。宰相王准想用辛弃疾为帅，另位一宰相周必成反对，理由就是辛弃疾好杀，“后人若是追究起来，责任都要算到我们头上”。文人陈亮，到辛弃疾家拜访，两人喝酒后大谈朝政之事，同宿在辛弃疾家里。估计辛弃疾酒后说了一些不该说的话，陈亮半夜醒来后越想越害怕，生怕被灭口，从辛家偷了匹马就跑了。

营房建成后，辛弃疾将修建过程、经费来源、用度开支，向朝廷做了详细汇报，同时，还呈上了营房图纸。皇帝看到这样详细的报告，就没再追究了。

随后，辛弃疾招募了步骑兵数千，配备了精良武器，日夜严格操练，把“飞虎军”练成了一支骁勇善战的地方军。

在之后的三十年内，“飞虎军”成为长江南岸一带一支重要的防御力量，多次打败金兵，令金人闻风丧胆，被金人称为“虎儿军”。

但它的创立者辛弃疾，因性格桀骜不驯，一直受到当权者排挤，报国无门——“却将万字平戎策，换得东家种树书”。

向历史借智慧

笨鸟先飞的妙招

上有朝廷压力，下有具体困难，辛弃疾仍然很好地完成了这件事，这说明做事情一定要有充分的准备，想好应对各种意外的办法。比如提前想好明天要说的话、要做的动作，一天过完后，觉得哪些应对欠妥，就琢磨出几种更好的来。拐角时撞着了陌生人，怎么应对；见到喜欢的异性同事，怎么搭讪；挨领导批评时，该说哪些应对的话；遇上一点也没有准备过的问题时，给自己提前想好几种应对的俏皮话……总之，笨鸟先飞。

朱熹审案

朱熹是南宋的大学者，他以后的读书人把他尊为两宋道学之“集大成者”，正统读书人都只读他编的、写的和注解的书。

道学自称接续孔孟儒家的正统，声称以儒家礼仪来修身。道学被尊为国教后，就用其精神要求全国人民。为什么要大家遵守呢？因为它合于道。合于道能怎么着呢？就能成为圣人。什么是圣人呢？是一种天人合一的很舒服的状态。

朱熹对自己的要求我们不得而知，但对别人的要求那是严苛如夏天的太阳。

公元 1182 年，朱熹被任命为提点江西路刑狱，他经常跑到下面去巡视官员的道德行为。当地的官员被他搞得浑身不舒服，有的居然因此辞职了。

一次，有人向他举报，说有位叫唐仲友的官员跟一个妓女严蕊有染。在古代社会，一个朝廷命官可以娶好几个老婆，但不能出去乱搞。有几个老婆是家庭内部问题，出去乱搞就有伤风化了。

社会风情

道学

“道学”是宋代周敦颐、程氏兄弟和朱熹等人的哲学思想，又称为理学。我们借助宰相王准向孝宗打的小报告来理解“道学”的概念：近来士大夫中流传着所谓道学，这种学说把慎独作为能耐，把实践作为最高目标，把正心诚意、克制自己的欲望、恢复古代礼制作为主要任务。像这些东西，都是知识分子们所共同学习的，有些人却声称只有自己才学到了这些。考察他们的实际行动，又发现完全不是这样。

当然，朝廷官员乱搞关系的很多，真要较真一个个地去查，也是件很麻烦的事，有些不现实。那朱熹为什么要去查呢？因为他是道学先生，而唐仲友反对他的学说，不遵行礼仪，玩起了妓女，这让朱熹决定惩罚他。

朱熹来到台州，把唐仲友抓来，让他承认与妓女严蕊有不正当关系。

唐仲友解释说，关系是有，但很正当。朱熹不信这世上有纯洁的男女关系，当头棒喝："你和她几次来往，她是个妓女，你不跟她睡觉，难道还谈人生和理想？"

唐仲友说："几个诗人爱弄个诗社、茶会什么的，每次都邀请我过去。作为地方官，我推脱不过啊。而严姑娘又兰心蕙质，颇有诗才，所以每次都叫上了她。大人，我们的关系就这样，清清白白的。"

"清白是我说了算，不是你。光凭你一张嘴，说什么我就信什么？幼稚。还兰心蕙质，很有诗才。屈原早在他的《离骚》里就说过'西风一吹，兰花、蕙草就全变成茅草，失去了芳香'，可见兰、蕙之类最不坚定，最容易变质，何况还有才。女子无才

社会风情

不明不白的风流事

文人们的风流事，从来都是说不明白的。据说这事还牵涉抗金名人陈亮，陈亮和唐仲友本是好朋友，但因隙反目，朱熹则和陈亮关系很好，所以借机要帮陈亮出口气，才惹出这件官司。又有人说，严蕊本来喜欢的是陈亮，唐仲友横插一腿，对严蕊说：你要跟着陈亮的话，可要做好受穷过苦日子的准备。严蕊一听，原来陈亮这么穷啊，就转投了富裕阶层唐仲友的怀抱，所以教育家朱熹为之打抱不平。

才是德，有才就心思多，就会整天想着墙外面的事，想出墙看看——可见这个严蕊生来就不是什么好东西。”朱熹越想越觉得有问题，见唐仲友不招供，便叫人抓来了严蕊。

严蕊走上堂来，娉婷婀娜，妩媚可人，顿时满堂生彩，堂上的人都不禁暗暗叫好。朱熹也不禁想，这个小妮子真是漂亮，也激发了我的诗兴啊，“问渠那得清如许，为有源头活水来”，但是，美丽的容貌是淫荡的温床，这样的女人真应该扒了衣服，毁了容貌，不然就不会老老实实在家待着。

朱熹还在盯着她胡想，这边严蕊已过来施礼，问道：“民女严蕊见过大人，不知大人把民女招来，所为何事？”声啭黄鹂，气若幽兰，朱熹一阵眩晕。

“叭——”朱熹一拍惊堂木，让自己清醒了一下，问道：“有人举报这位唐大人有生活作风问题，经常要你陪酒陪睡，这可是有违规定，非常不好。请姑娘做个证。”

“唐大人是谦谦君子，我们只是正常的朋友关系。”严蕊落落大方地说。

“看来两个人是串通好了。”朱熹一看不对，决定对严蕊用刑。

野史秘闻

朱熹说风水

朱熹的父亲朱松，请风水先生看一块地，风水先生看了半天，说了句：“富也只如此，贵也只如此，生个小孩儿，便是孔夫子。”后来朱熹出生，成为一代大儒。朱熹做官时，听说有人强抢别人家的风水宝地，朱熹题了一句话：“此地不灵，是无地理；此地若灵，是无天理。”——要说此地不灵，那是地没有道理，要说此地有灵，那是天没道理。总之，抢来的地再好也没用。

“叭——叭——”棍子打在严蕊的身上，痛在周围所有男人的心里。唐仲友更是着急，一边直搓手跺脚。

严蕊倒不急，她看着朱熹，大声说道：“朱大人，您是孔孟之徒，可记得孔子说过，与朋友交往一定要忠诚。唐大人没做过就是没做过，让我说假话就是不忠于朋友。孟子说，舍生取义，你就是打死我，我也决不说假话！”

朱熹一听，更火了：“好啊，一个黄毛丫头，在我面前晒起孔孟来了。”但他又不好在一个姑娘面前过度摆威风，于是，只是冷冷看着，一副硬心肠的样子。

打了一阵，朱熹见严蕊还是不说，怕出人命，只好喊停，又审了几次，还是没有结果。无凭无据，朱熹没办法治唐仲友的罪，只好不了了之。

道学家关心国家，关注民生，但有点像不食人间烟火的妖精，拿他那一套来治理人世，肯定处处出错，甚至出丑。

向历史借智慧

做一个有趣的人

有人说是朱熹故意找碴，甚至说他心生醋意，找了一个冠冕堂皇的理由来辣手摧花。事实的真相我们已没法了解，但朱熹作为一代大学问家，一位在中国学术史上有突出贡献的人物，身后声名如此之差，这才是更需要我们思考的。朱熹的故事给了我们一个教训：一定要做个有趣的人，一个把欢乐带给大家的人，而一个无趣的人，则会大大地降低周围人们的幸福指数，既可悲，也可耻。

第三章　权臣当道

“不孝子”光宗

公元1189年，孝宗禅位给第三子光宗赵惇后，就搬进了重华宫。重华宫就是高宗晚年所住之德寿宫，孝宗住进来后，把它改名为重华宫。

光宗当太子一直当到四十多岁，他希望孝宗早点让位给他，但直到高宗逝世，孝宗才把位置传给了光宗。于是光宗对老爹孝宗很有意见，继位后就把老爹忘到了脑后，经常不去重华宫看他，借故缺席孝宗组织的家宴。

绍熙四年（1193年）九月，孝宗生日，大臣们连连给光宗上奏章，请求他驾临重华宫，给孝宗拜寿。光宗的反应很冷淡，不予理会。

一位大臣劝光宗说：“父子的关系是天底下最亲的，没有什么可以跟它相比的。太上皇对陛下的爱，就像陛下对嘉王（光宗的儿子）的爱一样，发自内心，合乎天理。太上皇年纪已经很大了，如果哪一天去了，陛下怎么对得起他，怎么向天下人交代呢？”

光宗被说服了，命令摆驾前往重华宫。大臣们一听，赶紧都

庙堂真相

终身制苦了下一代人

中国的皇帝都是终身制，要是皇帝活得太长的话，那他的下一代可就苦了。所以要是评选最受诅咒快点死的人，皇帝一般来说是稳居前三名的。南宋前几位皇帝，宋高宗做太上皇时，已经做了三十六年皇帝；孝宗做太上皇时，已经做了二十七年皇帝；所以光宗很郁闷，即位时已四十三岁，皇帝只做了大约五年，就被逼着升级为太上皇，1194年，他让位给儿子宁宗。

来到宫殿门口等候，陪光宗一同前往重华宫。

等了很长一段时间，光宗才走出大门，大家都迎上前去，刚想请皇帝上辇，突然伸出一只手，一把抓住了光宗。大家一看，却是李皇后。只听得李皇后娇嗔地说道：“天气这么冷，皇上再喝点酒，暖和暖和身子再说。”

光宗对皇后是又爱又怕，她一拦，便没了主意，转身要回去。一位大臣急忙走近，抓住光宗衣服的后幅，大声叫道：“皇上，不要回去啊！”

皇后理也不理，用力一拉光宗，大臣抓不住，光宗就进门去了。

另一位大臣大胆地跟了进去，皇后一见，怒目圆睁，喝道：“这里是皇宫，你一个读书人，怎么这么不懂规矩，乱闯皇宫，不怕杀头吗？”大臣只好止步，哭着退了出来。

皇后大怒，派了一个太监出来问道：“哭什么哭？你什么意思，给我说清楚？”

大臣引经据典地答道：“礼经有句话：儿子劝说父亲，父亲不听，就应当哭着求他听从。臣子，臣子，大臣是天子的儿子，天子是大臣的父亲。父亲不听我的劝告，按照礼经规定，我就应

名臣风骨

李氏不足母天下

大臣黄洽，一向沉默寡言，轻易不发表意见，常被人误解为随大流。孝宗即将禅位，特意留下几位大臣说说心里话，别人都称颂孝宗高尚，只有黄洽不吭声。孝宗点名问他的意见，黄洽说：“太子是好太子，但太子媳妇李氏不足以母仪天下，还请您多思量啊！”孝宗一听，脸色都变了。李氏即后来的李皇后，孝宗退位后，李皇后果然挑拨是非，孝宗后悔当时没听黄洽的话。

当哭。”太监一听这让人倒胃口的话，哭笑不得，只好进门去了。

皇后一听，更加恼火，对大臣们说：“皇上从此以后再也不去重华宫了。”

这边，皇后又把光宗拉回桌旁，一边劝酒，一边说道：“皇上，给那老不死的拜什么寿啊，他死了倒干净。”

光宗无语。刚才一阵折腾，让他很没面子，但又不敢对皇后发脾气，只好泪往肚里流，自己生闷气。

皇后见光宗不说话，就说起孝宗的坏话来，想彻底打消光宗的念头。皇后说：“老不死的没安什么好心，他一直想废了您呢。”

光宗一听，稍微回过神来，问道：“你又在胡乱猜测什么？”

皇后接口道：“上次我去看他，当面向他提起立嘉王为太子的事，他一口就否决了，说您刚继位，不要这么快立太子。您说，我是明媒正娶的皇后，嘉王是我的儿子，嫡长子，就应该是太子，他凭什么就不同意呢？我看他一直想立那死去的大哥的儿子为太子呢。”

光宗听得半信半疑。皇后继续添油加醋地挑拨孝宗、光宗父子的关系，说光宗前年生病时，孝宗就曾秘密配置了一服药，准

社会风情

父子两家人

光宗多年不去看望孝宗，老爷子很不高兴，这天他在宫里楼台上站着，听到外面巷子里小孩子们在玩闹，口里喊着“赵皇帝”“赵皇帝”，老爷子撇撇嘴，说：“这个赵皇帝，我喊他他都不来，你们喊顶个屁用！”早些年都城流行着一首童谣：你不来我家，我也不来你家。有人说，这正是皇帝父子两家人不和的预兆啊！

备等光宗去重华宫看望他时给光宗吃。最后，皇后故作神秘地说道："您知道吗？那可是毒药。宫里的太监都知道，就瞒着您。"

光宗觉得对，又觉得不对，脑子一下子理不清楚，便坐着发呆。皇后见光宗不走了，便叫来酒菜，陪光宗小酌起来。

到1195年，孝宗生起病来，一连三个月没见好，也一连三个月没见光宗过来问候，就派人去打听消息。原来，光宗不仅没听大臣们的劝说，反而有点变本加厉，和皇后优哉游哉地天天喝酒游乐。

孝宗一听很是伤心，自己眼看快不行了，特别想见儿子最后一面，但左顾右盼，左等右等，始终不见儿子的身影。孝宗彻底心碎了，无奈地流泪，在遗憾中撒手去了。

大臣们告诉光宗孝宗的死讯，光宗还有点不信，以为是圈套，躲在宫里，说病得厉害不能出门。

见光宗狠心到如此田地，丧事也不主持，大臣只好请出孝宗的养母、高宗的皇后、八十多岁的吴氏来主持，把孝宗安葬了事。

宋光宗本人虽然对老爹有意见，但从上面的叙述中可以看出，他有个"好老婆"才是光宗不孝的根源。

向历史借智慧

帝王家的翁媳战争

有人说，有女人的地方，就有"战争"，有时候女人是战争的源头，有时候女人是战争的直接参与者。这话有一定道理，女人对内的战争，往往发生在翁媳（婆媳）、姑嫂和妯娌之间，战争的内容无非就是争夺家里的领导权，尤其是对老公（对翁婆而言则是儿子）的领导权。这样的情形，在帝王家也不例外。一个人如果不懂得随着地位、形势的变化而调整自己的姿态，受伤受害的就会是自己。

“虎妞”李皇后

光宗的皇后李女士，其父亲是庆远军节度使。俗话说：“将门无犬子”，用在李后身上就是“将门生虎妞”。

“虎妞”李后长得艳惊天下，但性格骄横阴险。光宗对她是爱恨交加，无可奈何。

一次，光宗由一名宫女服侍洗漱，看见那宫女的手细小嫩白，在接递毛巾的当儿，不小心有点肌肤相触，光宗感觉她皮肤滑腻，整个人儿柔若无骨，不觉叫了一声“好”。

谁知这事不久就传到了李后耳中。没过几天，光宗就收到了李后送来的一个食盒，他以为里面是什么好吃的，打开一看，只见是血肉模糊的一只手，正是那名宫女的。这时光宗也不觉叫了一声“啊”，觉得恶心、难受，便赶紧叫人拿出去掩埋了。

光宗不敢对李后发作，但又觉得是自己害了那名宫女，只好一个人自怨自艾，落下了心病。

光宗还有一个很宠爱的贵妃，姓黄，是孝宗所赐。李后因对

庙堂真相

光宗的反击

男人“怕老婆”不是坏事，但也要掌握火候，火候过了，也会影响家庭和睦。1191 年，宋光宗决定杀掉一批帮着李皇后做坏事的太监，但事情泄露，太监们跑到李皇后那里哭泣求情，这事就不了了之。但这一次的反击失败，无疑给光宗的政治生涯种下了恶果。

孝宗很有意见，对黄贵妃也是横挑鼻子竖挑眼，看她怎么都不顺眼。

一天，李后外出，一回来，发现光宗不在中宫，便问太监。太监说看见皇上往黄贵妃的住处去了。

李后一听，一时间醋劲加恨意齐上心头，急匆匆来到黄贵妃住处。“哼，我出去没半天就跑到那个死女人那里去了，看我怎么收拾你！”李后心头之火噌噌噌往上冒，脚步嗒嗒嗒往这边赶过来。

李后没让太监通报，径直走进屋里，一掀门帘，就看见光宗和黄贵妃正相依相偎，窃窃私语。“好啊，敢情是一对亲密恋人啊，把我这正宫搁哪去了？”李后气不打一处来。

算了，今天当着这么些人的面，还是得给皇上面子，这个小妖精以后再慢慢收拾。想到这里，李后压了压火，站在门口大咳了一声，说道：“皇上，您病刚好一点，应该节制节制，保重一下龙体，怎么跑到这里调情来了？”

光宗一听李后的声音，吓得小腿直发软，一把推开黄贵妃，赶忙起身。黄贵妃更是吓得魂不附体，顺势跪下来迎接李后。

“哼，都知道害怕了？刚才的亲密劲儿哪里去了？”李后理

野史秘闻

做皇帝很烦人

孝宗有三个儿子，先立老大为太子，可惜太子死得早，孝宗想立老三，悄悄跟太上皇高宗商量。于是，即将宣布立储决定的前一天，高宗把老二魏王叫过去，晚上留宿宫里，等第二天魏王回到家，才知道弟弟已经被立为太子，很委屈，跑去找高宗说：“爷爷让我陪宿宫里，却让老三越过我做了太子！”高宗回答：“你以为皇帝好做呀，就让老三烦恼去吧！”这个老三，就是光宗。

都没理黄贵妃，只是冷眼望着光宗不说话。

光宗想摆一下皇帝的威风，但一见李后那横眉立目的样子，就浑身直打哆嗦，没了底气，于是乖乖地，像闯了祸的小孩一样，走过去，拉着李后的手回去了。

黄贵妃跪在地上，很久才站起来。

两人回到中宫，李后忍了下来，没有深入追究。光宗一路心扑扑跳，不知李后要怎样刁难他。谁知李后只提出要立她的儿子嘉王赵扩为太子。这让光宗松了口气，暂时放下心来，对李后说："父皇还在，应该先征得他的同意。"

李后在孝宗那儿没留下什么好印象，知道这事一时难办，便提出要用国库的钱给娘家的祖宗修庙。光宗像找到了一个台阶、抓住了一根救命稻草一样，想都没想就答应了。

过了一段时间，光宗去祭祀天地宗庙，按规定，这段时间得住在皇宫外的宫殿。李后趁光宗不在，把黄贵妃叫了过来。

"你这个狐狸精，一天没碰着男人就受不了，连皇上身体都不顾。你说，你安的是什么心？是不是想串通那老不死的退位皇帝谋反，把皇上给弄死啊？"李后越说越气，越想越恨，"给我

社会风情

孔子的谥号

孔子被历代帝王追封追谥。西汉平帝尊之为"褒成宣尼公"，北魏孝文帝尊之为"文圣尼父"，北周静帝尊之为"邹国公"，隋文帝尊之为"先师尼父"，唐玄宗尊之为"文宣王"，宋仁宗改为"衍圣公"，西夏仁宗尊之为"文宣帝"——这是历朝历代中最高的，元成宗尊之为"大成至圣文宣王"，明世宗尊之为"至圣先师"，清顺治尊之为"大成至圣文宣先师"，中华民国尊之为"大成至圣先师"。

打这个死女人，看她还把我放不放在眼里？给我打！”

太监拿来用刑的棍子，摁倒黄贵妃就啪啪打了起来。

“给我重重地打！”李后又一声厉喝。太监们哪敢怠慢，用力打，打得黄贵妃叫了几声，就晕了过去。再几棍子下去，黄贵妃就翻了白眼。

“还给我装死？”李后还不解气，走下座去踢了黄贵妃几下，又抢过棍子，打了几下，确定黄贵妃已经死了，便叫太监把她拖出去埋了。

待光宗回来，李后就说黄贵妃不小心得重病死了。光宗一听，心里咯噔了一下，惊得魂儿都飞了。生不见人，死不见尸，哭又不能哭，问又不敢问，他感到很害怕，身子轻飘飘的，只想躺下来睡过去，不想醒。

光宗回到寝宫，夜里很晚才朦朦胧胧地睡过去。睡梦中，他看见黄贵妃身上全是血，走过来向他诉冤。谁知一声怪响又把光宗给惊醒了。光宗睁着眼睛，一会儿想想可怜的美人黄贵妃，一会儿想想禽兽般的李后，心里像有了魔障一样，身上一阵热一阵冷，又病倒了。

野史秘闻

可怜太上皇

光宗性情懦弱，身体也不好，被大臣隐瞒着，稀里糊涂成了太上皇。光宗很恼火，不承认儿子宁宗的皇位，也不肯搬出皇宫，想起往事，时而痛骂，时而痛哭。一次皇帝郊祀，宫里御乐不断，光宗听见敲锣打鼓的，问是什么情况，李皇后骗他说是街上老百姓在娱乐，光宗大怒：“你这么骗我，也太过分了！”

光宗在李后的淫威下，心病越来越重，身体也越来越差，越来越瘦。在孝宗去世后不久，他就在大臣的主持下被逼让了位。老公不是皇帝，老婆也就没人在意了。李后在被冷落之下也病了，不久先于光宗死去。

向历史借智慧

错把贵人当绊脚石

李皇后的所有权力和好处，都来自老公光宗皇帝，而在光宗背后，政治根基深厚的前任皇帝孝宗更应是夫妇俩的贵人。这两位本该是李后要努力讨好的人，李后却错误地对待他们，把本应该好好争取的贵人孝宗当成了绊脚石，又刻薄对待本应是拉拢对象的光宗。由于对现实认识不清，一味地纵性使气，这样的人迟早要招来祸患。在职场或者在家庭政治中，这样的人可不少见。

赵汝愚立皇帝

孝宗逝世，光宗生病，不见外人，大臣们议论纷纷，朝廷内外纷纷猜测，局势有点紧张。

见到这种情况，有个人很着急，他就是南宋宗室之臣赵汝愚，一个被孝宗以为很有“文武威风”的人。他觉得必须当机立断，请嘉王赵扩继位，才能稳定人心。

赵汝愚之所以有这个想法，一是光宗已同意立赵扩为太子；二是光宗通过批示大臣的奏折传话，说自己当了一阵子皇帝，很想休息休息。这似乎告诉大臣们，他也想学他爷爷、他老爹——半途退休。

而恰在这时，赵汝愚做了一个梦，他梦见死去的孝宗给了他一个汤鼎，又梦见自己背着一条白龙上了天。汤，就是把各种东西调和在一起，调理出一种味道来，这是对宰相职责的一个形象的说法；鼎，就是朝廷，就是要鼎立新人。新人是谁，就是那条白龙，而他是背着白龙的人，这就意味着让他来主持此事。他觉

庙堂真相

皇家子孙赵汝愚

赵宋皇室成员就没有几个有能耐的，赵汝愚（1140—1196）算是另类。他曾经廷试第一，皇族子弟考试得第一，这可是破天荒的事情。他曾说过，做人就要在历史书上挂个名，那才不白活一回。又经常以北宋名臣司马光、富弼、韩琦为偶像，宋孝宗称他是文武全才。后来被韩侂胄排挤出朝廷贬到永州，愤懑而死。

得这是神示，他要担起这个重任。

让皇帝下台让位给太子，这是宫廷政变，是件危险的事，弄不好要杀头，严重一点那就是全家死光光，是需要勇气，更需要谋略的。当时的宰相留正怕事，不敢负责任，辞职溜出了京城。赵汝愚觉得梦境就要成真，义无反顾地站了出来。

“要搞好这次宫廷政变，首先得名正言顺。怎么才能名正言顺呢？得有一个权威人士站出来，当着大臣的面宣布这件大事，而这个人非主持孝宗丧事的吴老太后莫属。她是孝宗的养母，虽说我朝不让女人干政，但孝宗还在的话，也得听她的。”赵汝愚琢磨着。

但吴老太后轻易不见人。八十多岁的人了，想清静清静，孙子不孝，还让她出来主持儿子的丧礼，就够难为她了。但也正因为如此，她应该看到朝廷目前的混乱状况，更应该认识到这一切必须立即结束，还朝廷一个安稳，给百姓们一个主心骨。赵汝愚想到这里，信心开始增强。

“派谁去见老太后较为合适呢？见到了她才能说服她啊。”赵汝愚在脑子里快速地盘算着。事情经过分析，到了这一点上，不能出差错，一步错，步步错，后面的事就全成了完美的理论推衍，

野史秘闻

剥夺状元

周震炎参加进士考试，正好那一年公主要选驸马，驸马当然要选状元。宰相丁大全看周震炎长相英俊，想讨好一下，就把周震炎选为第一名。可惜的是公主没看上，周震炎帅是帅，但快三十岁了，在当时已经是大叔的年龄。这事就没成，后来丁大全因事被罢官，周震炎也跟着倒霉，剥夺状元之身，从第一名降为最后一名。

再精准也全是瞎掰。

赵汝愚想找人商量，有人推荐了韩侂胄。对啊，赵汝愚眼前一亮："韩侂胄？我看行。"韩侂胄的母亲是老太后的亲妹妹，他的老婆是老太后的亲侄女，也就是说，他既是老太后的亲外甥，又是侄女婿。总之，他就是老太后很亲很亲的人。这么亲的人去看望她，她应该不会拒之门外。赵汝愚就这么定下了人选。

果然是亲戚见面三分亲，韩侂胄见了老太后几面后，一提赵汝愚的方案，吴老太后考虑了几天，就同意了。

孝宗大丧的日子到了。大臣们来到了梓宫，赵扩也穿着孝服来了。赵汝愚一看，梓宫里面挂起一道帘子，吴老太后坐在后面，便立刻放了心，勇气和信心也得到了加强。

赵汝愚跪下来向老太后奏道："皇上身体不好，不能出来赴丧，而且有意传位给太子，请老太后同意太子继位。"

老太后说："那就写个东西上来，我批了就是。"

赵汝愚拿出早就准备好的诏书，递了上去，老太后瞅了几眼，用红笔一画，准了。

赵汝愚又说："现在太上皇身体不好，为了他们父子之间不

野史秘闻

天下才子多的是

才子叶适，文名扬天下。一天，叶适在韩侂胄家做客，突然有人自称"叶适"，求见韩宰相。韩侂胄便让叶适藏起来，自己接见这个新来的"叶适"，问到叶适写过的作品，来人回答："这都是我年轻时的作品了！"然后聊诗词书画，皆很有见识。韩侂胄吃惊了，说天下难道有两个叶适，此人回答："像叶适这样的文人才子，车载斗量，我若是不冒充叶适的名头，哪里能够见到您。"

生意见，也为了不惊着太上皇，请老太后派人宣读诏书为好。”

于是，老太后又叫来读诏大臣，传旨赵扩继位。

赵扩听到他们一来一往的说话，心里早就不安。现在又看见几个人来扶他即位，更是一个劲摆手，绕着柱子逃避，连连说：“这样子不好，对不起父皇，不符合孝道。”

赵汝愚托着传国玉玺，走上前去，对赵扩说：“皇上，天子以安定社稷为孝。您坐了这个位子，老百姓心里有了寄托，天下安稳了，您也就对得起列祖列宗了。太上皇也得听列祖列宗的，您就从了吧。”

赵扩一听，觉得这话很有道理，心里很是欣赏，就站住了。赵汝愚递上传国玉玺，指挥大臣们把赵扩扶到皇帝的位置上，给他披上了黄袍。

赵扩这时一切听从安排，在孝宗的棺材前施了施礼，算是即位。他就是宁宗皇帝。吴老太后撤去了帘子，让赵扩主持丧礼，把孝宗给下葬了。

就这样，在赵汝愚的精心策划下，南宋江山实现了政权的平稳交接，朝廷内外安然无事。

向历史借智慧

当皇帝靠父母，当得稳不稳靠自己

光宗作为皇家种子选手，又是名正言顺地坐上皇位的，却这么轻而易举、没风没浪地就被赶下台来，可见其平时为人：一定是太没人缘，在领导能力上，接近于扶不起来的阿斗。也可见，身份的优势，只能让一个人在起跑线上领先一阵，能不能把领先优势保持到终点，还是要靠自己的真本事。今天很多人家把女子送到国外读书，或者镀一层MBA的金，但这些海归和MBA进入大公司后，能不能被认可，还是得拿业绩来说话。

韩侂胄搞赵汝愚

公元1195年，宁宗即位，改元“庆元”。

在宁宗上台的这场宫廷政变中，赵汝愚和韩侂胄都立了大功。韩侂胄想进入宰相队伍，赵汝愚说：咱们俩，我是赵家人，你是外家人，地位已经够高的了，还是把机会让给别人吧。于是，在请赏的时候，赵汝愚没有把韩侂胄写入升高官的名单。韩侂胄怀恨在心，决定搞掉赵汝愚。

于是，两人由政变期间的志同道合，反目成仇，进行了激烈的斗争。

韩侂胄想搞赵汝愚，难于上天，必须步步为营，先从枝叶入手。韩侂胄想起了赵汝愚最近推荐给宁宗的讲课老师朱熹。从太监内线传来的情报是，皇上对朱老师讲的课很反感。朱老师一上来就讲理论，什么修身治国，什么正心诚意，不带点案例，也不讲故事，就知道板着面孔在那儿灌输，听得皇帝直打瞌睡。韩侂胄决定先从这个小地方入手。

庙堂真相

为谁家的江山在受苦

赵汝愚被逐后，有个叫吕祖泰的小官上书请求皇帝诛杀韩侂胄，遭到韩派人马的报复，被发配到钦州坐大牢。钦州府长官赵善坚是皇室子弟，他亲自审理此案，问吕祖泰上书背后是不是有人指使，吕说没有。赵就骂，那你怎么要做这种丧心病狂的事？吕答：帮着韩侂胄干坏事才是丧心病狂！赵说不过他，就要对他动刑。吕大喊：你姓赵，我可是为了你赵家的江山在吃苦受辱呢！一句话说得赵善坚羞愧不已。

宁宗喜欢看戏。

韩侂胄就暗地买通了一个戏子，一天，让他戴着大帽子，穿着长袖的宽大衣服，扮演成一个大儒来一场模仿秀，他模仿朱熹的声音，把朱熹的学说戏说了一通，逗得宁宗直乐，不住发笑。

韩侂胄见戏说起到了作用，趁机对宁宗说："朱熹这帮道学家只知道引经据典地发酸，没有一点真实本领，我觉得不可重用。"

宁宗一想起朱熹就头疼，当下同意了韩侂胄的建议，给了朱熹一个闲职，让他滚蛋。

赶走朱熹引起了连锁反应。一批官员纷纷给宁宗上奏章，请求宁宗留下朱熹。宁宗没有理会，反而降了其中一些官员的职。

赵汝愚一派在此打击下，势力大减。韩侂胄趁机给宁宗推荐了几个官员，让他们升了官。一升一降，双方的力量对比悄悄发生了变化。

韩侂胄看着自己旗开得胜，力量大增，很是高兴，就想打一场大决战，彻底扳倒赵汝愚。韩侂胄一直在琢磨这件事，但一直没找到好理由。

他的一个死党见状，给他出了一个绝妙的主意，对他说："赵

庙堂真相

庆元党禁

韩侂胄的祖先是北宋名臣韩琦，韩侂胄有韩琦的刚毅果断，却无韩琦高尚的情操。他把"道学"定义为"伪学"，凡和他意见不同的都打进伪学系统里。1197 年，他把赵汝愚、朱熹一派及其同情者定为"逆党"，共五十九人。不仅"逆党"人士要受到处罚，只要是与"逆党"有点干系的，都不许当官、不许参加科举考试。因此，在那些年里，考生答卷时都要先声明：本人是良民，与"逆党"无关。

汝愚是朝廷宗室，这是他的优势，也是他的弱点。”死党看了看韩侂胄没明白，继续说道：“赵汝愚虽是朝廷宗室，但属于太宗一脉。太祖皇帝无私，为了大宋江山，传位给了弟弟，高宗皇帝仁义，选了个太祖的后裔做儿子，但其他人恐怕就没有这样的崇高思想了。”

死党看韩侂胄连连点头，便说出了他的主意：“如果这个时候，我们说赵汝愚结党营私，想谋取皇位，大人您说皇上他信不信呢？”

这句话一出，韩侂胄顿时明白，连连叫好——这招毒。“在好的地方看出坏来，在坏的地方找出好来，这小子有头脑，看得准，主意出得高、绝，真是我的大谋士。”韩侂胄大喜过望，连连称赞死党高明。

死党也很得意，继续说道：“赵汝愚原先说做了个背白龙上天的梦，我们就把它颠倒过来，把背说成是坐，坐着白龙上天，不就是他自己想做皇帝的意思吗？”

有动机，有证据，虽说很虚，但这样的事越虚皇上越信。韩侂胄有点坐不住了，想马上就去皇帝那儿告发赵汝愚。

但这些话只能自己去宁宗那儿说，至于明着在朝廷上弹劾赵

社会风情

“死后佳甚”

孝宗时的宰相叶衡，退休后回到老家，不问时事，只悠游山水，找些旧时老友，喝酒聚会为乐。一天突然闷闷不乐，问：“我自觉来日不多了，就是不知道人死后会过得怎么样，好不好。”有人回答：“很好！”叶衡很吃惊：“你怎么知道？”这人回答：“要是死后过得不好，那些死了的人早就都逃回来了。现在看没有一个人死后又逃回来的，可见必然都是过得很好！”大家听了，都哈哈大笑。

汝愚，就得另想办法。韩侂胄把这事交给了另一个做谏官的死党。

过了一两天，谏官就向宁宗上奏折，说根据太祖定下的规矩，宗室之人不可为相。而赵汝愚身为宗室大臣，不遵守祖宗规矩，不辞掉宰相，还凭借地位、声望，结党营私，造成了极坏的后果，请皇上降他的职。

宁宗已听说赵汝愚是太宗一系，想要夺取皇位之类的话，再见到这个奏折，毫不犹豫地同意了，让赵汝愚离开京城，去福州做地方官。

朝野愤怒了，很多大臣联合上书请皇上收回成命。这让宁宗更加确认赵汝愚确实有一个党，有一个派，便把这些大臣都贬出了京城。

韩侂胄一见大喜：皇上您都会抢答了，太好了。于是，他继续编造谣言，说赵汝愚想挟持宁宗的父亲光宗去绍兴复辟。宁宗不辨青红皂白，索性把赵汝愚流放到永州去了。

赵汝愚又气又累，到衡阳时就病死了。

韩侂胄一派执政后，把“道学”称为“伪学”，反道学的大臣纷纷出来揭露朱熹道学的欺骗和虚伪，道学声名狼藉，被朝廷

庙堂真相

“阎马丁当，国势将亡”

“阎”是宋理宗宠幸的阎贵妃，“马”是马天骥，丁是丁大全，这三人扰乱朝纲，时称“阎马丁当，国势将亡”。之前，丁大全为司谏，胡大昌为侍御，陈大方为正言，三个言官，口碑不佳，时人称之为“三不吠犬”——不叫的犬才咬人。

明令禁止。赵汝愚、朱熹等人作为“伪学逆党”的首要罪犯被记在档案里，永世不得翻身，由此还导致了南宋历史一件大事——“庆元党禁”。

向历史借智慧

在办公室里不能比领导更能干

如果身边有一个很强大的人，你感觉到的是安全还是威胁呢？如果这人是你的同事，且不是你的直接竞争对手的话，你可能会觉得安全多一些。但如果这人是你的下属，或者是你的竞争对手，那你肯定会觉得威胁多一些。宋宁宗和韩侂胄就有这样的感觉：赵汝愚对他们来说是威胁多于安全，而且是离得最近的威胁，所以他只能出局。

大马屁精赵师择

每个大人物身边都有拍马屁的人，马屁精的数量，与大人物的来路邪正有关系。他们往往能出奇制胜，令大人物眼前一亮，生理和心理都得到极大的满足，由此更加珍惜手中的权力。如果大人物是靠构陷别人上台，他的引力场能吸引的绝不可能是正人君子，而必然是溜须拍马之徒。

吏部尚书许及之自认才能卓越，还可以做更大的官，于是使出浑身解数向韩侂胄谄媚。某年，韩侂胄大摆生日宴，许及之几个月前就开始筹划礼物，可是到那天，却去晚了，韩侂胄府上大门紧闭。许及之心急火燎，急中生智，他侧着肥胖的身子从小门匍匐了进去。大门边的小门一般都是下人和狗出入用的，许及之能想到从这里进去，实在是智高一等。

客人纷纷离开后，许及之不肯离开，韩侂胄以为他还有什么重大事情，就询问。许及之果然有重大事情：他向韩侂胄跪下，泪如雨下，哭声震屋瓦，诉说自己不得志，不能为皇上特别是韩

社会风情

程松不要脸

钱塘县令程松想要升官，送了韩侂胄一个小妾，并且把小妾的名字改成自己的名字。韩侂胄收到这份礼物后很惊讶，程松就很恭敬地解释说："我想让这个贱名经常记在您的心中。"真是贱得普天同哭——韩侂胄当场震骇，随即兴奋异常。

侂胄尽忠心。韩侂胄被哭得心都碎了，扶起他，向他保证机会就在不久之后。果然，不久后，许及之升为同知枢密院事。

许及之靠眼泪和下跪得来高位，其谄媚的方式并无出奇之处，人人可以复制。相比之下，倒是燕王赵德昭的八世孙赵师择实在令人感叹。

赵师择最先靠巴结韩侂胄而当上都城临安知府，当他看到很多人都靠巴结而青云直上时，他立即向前站。韩侂胄过生日时，赵师择最后来到，无人知晓，他是否也从狗洞里钻进来。在众目睽睽之下，他拿出一个盒子说："愿献一小果核供大家下酒。"打开一看，是根葡萄枝，不过枝是金的，葡萄则是一百多颗大珍珠，这无疑给了在场的溜须拍马分子一记棒喝，他们立即萎靡，暗暗钦佩赵师择不惜血本的精神。

韩侂胄虽然见过珍宝无数，但赵师择的独辟蹊径还是令他印象深刻。赵师择捕捉到了胜利的信息，每天都像拉满了的弓一样，随时等待射出。一次，有人送了韩侂胄四枚大珍珠，韩侂胄无法平均分配，因为他有十四个小老婆。赵师择闻风而动，出钱十万缗买来珍珠，制成十冠献给韩侂胄。韩侂胄感激得热泪盈眶——

社会风情

蒙古"密葬"制度

蒙古族皇帝、贵族采取"密葬"制度。下葬后，用马匹踏平墓地，派骑兵守墓，等到第二年春天小草长出，与其他地方分辨不出时，才撤走守墓士兵。为方便子女找到墓地，就在坟地周围撒上驼羔的血，让被杀驼羔的母驼作为向导，就能找到墓地的准确位置。至今，真正的成吉思汗陵究竟在何处依然是个谜，现有的成吉思汗陵是座衣冠冢。

大恩不言谢，只能以行动来表达，他立即让赵师择担任工部侍郎。

赵师择没有因为升官而荒废了逢迎的本领，某次，韩侂胄在南园宴请宾客，南园里有一个人造山庄，几乎可以乱真。韩侂胄带领大家到那里观赏。只见竹篱茅舍，一片农家景象。韩侂胄忽然对赵师择说："这里真是田舍间气象，只是少犬吠鸡鸣啊。"不一会儿，大家突然听到有狗叫声传来，循声看去，原来是赵师择在学狗叫，韩侂胄捧腹大笑。

对赵师择的谄媚本领我们不必怀疑，我们应该有疑问的是，这个赵宋皇族子弟死后如何去见他的祖先。

向历史借智慧

爱听好话是人性固有的弱点

每个领导身边都必定会有溜须拍马的人，差别只在数量多寡；每个人都爱听好话，差别只在程度轻重。这是人性固有的弱点。但了解人性有这种弱点，并不是鼓励谁的马屁拍得好，领导就多给谁好处；更不是鼓励大家都去练习拍马屁，而是要——因为懂得，所以克服。有志气的人都知道，要以能力和人格去获得多数人的尊敬，而不是靠损害自尊、拍马屁去赢得少数人的欢心。

“开禧北伐”

开禧二年（公元1206年）五月，宁宗下诏正式北伐。

韩侂胄等待这一天已经很久了。前方的军队已经集结起来，宁宗的诏书一下，就向计划的目标发动攻击。韩侂胄望着北方的天空，等待着胜利的好消息。

韩侂胄一直力主北伐，但因时机不到，没有向宁宗提出。前些时候，出使金国的使者给他带回了重要消息。

消息称，金国皇帝完颜璟上台后，不怎么治理朝政，金国内讧不断，有点秩序大乱的迹象。就在金宋边境，很多百姓偷渡淮河，进入南宋国境，其中还包括不少金人。更为重要的是，一个叫蒙古的少数民族通过这几年的磨炼，逐步强大，打得金人转攻为守，有点手忙脚乱，快招架不住了。

使者夸张地形容：“蒙古人就像汉朝的匈奴人、唐朝的突厥人，善于骑马射箭，来去如风，攻击性很强。金人防不胜防，根本没心思注意我们。如果我们在这个时候，在金人的屁股上捅那么一

社会风情

烦恼是自找的

北伐失败后，韩侂胄愁得须发都白了。家里伶人排了一出戏：有樊迟、樊哙、樊恼三人，有人问樊迟，谁给你取的名字啊？樊迟是孔子的学生，所以答说是老师取的；又问樊哙，樊哙是汉高祖刘邦的大将兼亲戚，所以答说是高祖取的；又问樊恼，答说“樊（烦）恼是自己取的”。不知道这是在开解韩宰相呢，还是在讽刺韩宰相？

下，相爷，您想想，会是什么结果？”

韩侂胄立即热血沸腾：机会，这是个大好的机会，但这几年先跟赵汝愚斗，现在后宫皇后又对我有意见，也要防备她，没怎么练兵啊。江南自孝宗议和以来，几十年没打大仗了。原先的将领死的死，老的老，青黄不接，后起的也没有出色的将领啊。怎么打呢？韩侂胄站起身来，在房间里走来走去，心里暗暗盘算着。

但不久后，韩侂胄就有了办法。

打仗首先得有钱。韩侂胄是这么考虑的。有了钱，就给士兵多发工资，大家见工资涨了，愿意当兵的就会多起来；有了钱，也就有了粮草，天天有吃的，士兵就有力气往前冲。

不久，韩侂胄就组织了一个北伐委员会，总管钱财、粮草，又找了几个善于搜刮的委员，设计了一个北伐税，从国库里拿一点，再从百姓头上收一点，钱的事也就基本解决了。

其次，上下都需要精神鼓励，让全国人民都振奋一下。韩侂胄走出了第二步。他想，全国人民都支持，还能不打胜仗？

精神激励其实就是打击主和派，鼓舞主战派。韩侂胄向宁宗建议剥夺秦桧的爵位，改秦桧的谥号为“缪丑”。主和派立即成

野史秘闻

丁大全抢媳妇

丁大全是宋理宗后期时的宰相，外号“丁青皮”。丁大全做地方官时，有官员郑某富甲一地，丁大全有意结交，但郑某深知丁的为人，婉言拒绝。丁大全恼羞成怒，找借口抄了郑家。还有一次，丁大全给儿子提了一门亲事，偶然机会，丁大全见到未过门的儿媳妇，色迷心窍，竟然娶过来当妾，把儿子的事丢到脑后。

了冬天里的蝉。

另一方面，他又请求宁宗追封岳飞为“鄂王”，这给了主战派和全国人民一个大大的精神激励。

做完这些，韩侂胄又想起了一直高喊北伐抗金的辛弃疾。得知辛弃疾赋闲在家，韩侂胄就给了他一个职务，让他去前线检查战备情况，练练兵，鼓励鼓励前线将士。

做好这一切，韩侂胄立即发布出兵命令。他把战场划为东西两块，东边为江淮地区，西边为四川地区。两个地区相呼应，让金兵顾东顾不了西。

出战前，韩侂胄让边境的军队先进行小规模的进攻，打几个冷枪，烧几个堡垒，抢几个村庄，杀几个金人，挑衅挑衅金国，看看他们是不是真的顾不上南宋了。

开禧二年（1206 年）四月，东线南宋军队出兵攻克了泗州，第一次大规模出击取得了胜利。于是，韩侂胄迫不及待，他在五月命令全线出击。但韩侂胄等来的并不是胜利的消息。第二年，四川方面的军队统帅吴曦居然自立为王。由于吴曦突然反叛，宋军的主战场不久就中魔一样，溃败了。宿州、蔡州、蕲州、寿州，

野史秘闻

宁宗皇帝趣事

宁宗嘴笨，不擅于言辞，所以每当外交场合，生怕失礼，都是让宦官能说会道者代他问答。

宁宗又准备了两块小屏风，让宦官随身背着，屏风上写的是：“少吃酒，怕吐；少食生冷，怕痛。”到了后宫，有妃子劝酒劝多吃生冷食的，皇帝就指着屏风所书，以挡回去。

各路守军全部溃败，此时，吴曦又给金人当向导，引金兵入凤州，厄运兜头罩在南宋脑袋上。当年九月，金人全线反攻，“开禧北伐”宣告失败。

倘若历史有拐点，那么，“开禧北伐”失败的拐点就在吴曦身上，史称“吴曦之变”。

向历史借智慧

好高骛远是一种病

大宋是被外族打怕了的主儿，孝宗和宁宗时期，开始有了点反击的冲动，但反击又常常因为一些莫名其妙的事情夭折。说到底，南宋是一个先天失调的国家，偶尔会热血沸腾，却从不曾有过沉下心来把基础打牢、把事情做好的决心和定力。这是典型的好高骛远症：几个小兄弟都管不好，就想着去做大公司的总经理；基本的工作技能还没学会，就先尝试起创业来了。再远大的梦想，也请从踏实做事开始。

“吴曦之变”

开禧二年（公元1206年）十月，在南宋军队进入防守后，金军分兵九路，进行了全线反攻。

九路金军共十四万人，进攻四川的有四万人。当时，南宋的四川军队虽有伤亡，但尚有七万左右。以四万攻七万，似乎有些不可思议，但金军采取了另外的策略——策反吴曦。

吴曦是两路四川军队中的一路的统帅。吴曦的祖父辈曾在四川率军抗金，建立了赫赫战功，深受四川人爱戴，他们只知道有吴氏将军，而不知道有南宋朝廷。这给了吴曦一个错觉，以为找到一个机会，只要他姓吴的站出来喊几句话，四川人就会跟着他走。

金章宗看出了他的野心，不远千里给他送来了一封信。金章宗在信中说，吴曦祖孙建立了不朽的功业，但南宋朝廷对武将是从来不信任的，他的下场有可能会像岳飞那样，也有可能会一生荣华富贵，称王四川，只要他投降金国。这话说得没有错，金章宗真是南宋朝廷的知己，他说的句句属实。

庙堂真相

吴氏地方军阀

吴曦的祖上不少都是有名的战将，世代在四川一带掌握兵权，势力强大，人称“吴家军”，朝廷都没法控制。吴曦的父亲吴梃死时，朝廷不让吴曦接任，但派去的长官都莫名其妙地死了，没办法，最后还是让吴曦去收拾部队。1207年，吴曦叛乱，这是宋朝历史上为数极少的地方军事首脑作乱事件。宋朝确实很好地解决了地方军阀的问题，但不幸的是，解决不了外敌入侵，北宋、南宋，都是亡于外敌入侵。

吴曦自然有点心动。

随着战争的推进，南宋军队节节败退。吴曦开始接受金国的劝降。他把南宋朝廷给他的任命书交给了金人，金国马上派人送来了蜀王任命书和蜀王官印。开禧三年（1207）年初，吴曦正式公开称王，并通告了四川全境。

吴曦的投降叛变行为得到的是四川人民的大力反对。特别是他的家族亲人，对他极为反感，坚决不跟他的政权合作，吴曦很受伤：“亲戚都背叛了我。”

南宋朝廷此时没有精力理会他，于是，把希望寄托于吴曦军队的上级军官，希望他们能不忘朝廷的教导，反对吴曦，削弱伪蜀政权，但他们毫无反应。也就是在这时，出乎南宋朝廷意料的是，吴曦军队的中下级军官和文职人员开始行动起来，筹划暗杀吴曦。李好义和杨巨源是其中的代表。

李好义串联了一些军官，杨巨源联系了一些文官，两个团体结成同盟，筹划了一个矫诏刺杀吴曦的计划。

开禧三年（1207年）二月的一个早上，李好义带领一批人马摸到了吴曦的宫殿前。

野史秘闻

先把名字取好

有个读书人叫钱唐休，很有才名。有人向宰相赵鼎推荐，正在商议的时候，边关警报，赵鼎这时再看到“钱唐休”这个名字，心里很不爽，说：“钱唐就要完了吗？”于是把推荐书扔到一边，钱唐休想做官的事儿，就这么没戏了。

李好义示意大家轻声，又打了个手势，让大家停下来。过了一会儿，宫殿的门跟往常一样，“吱呀”一声，定时打开了。一个卫兵走出来，伸了个懒腰，打了个哈欠，又转身进去了。李好义示意大家起身，一起快速进入了宫殿。

“什么人？”卫兵问道。

李好义一见只是几个懒散的卫兵，便大喝一声：“接到朝廷密诏，我们前来诛杀反贼，谁敢违抗，就地处决。”卫兵们一愣，李好义示意大家摆好阵势。

这时，跟在后面的杨巨源装扮成钦差大臣，走上前来，向卫兵们晃了晃手中的假诏书：“钦差大臣驾到，还不下跪？”

卫兵一见，蒙了，然后猛地醒过来，有几个跪了下来，有几个扔掉武器，逃出门去。李好义也不管他们，命令几个人守住宫门，带领着剩下的人向吴曦的卧室扑过去。

一路毫无阻挡。他们跑到吴曦门前时，吴曦刚从睡梦中惊醒，衣服还没穿好，正准备开门逃跑。跑在前面的士兵一见，大喝一声，快步跑了过去，一边晃着手里的刀。

吴曦见势不妙，立刻缩回屋，关上大门。士兵们上前撞门，

名臣风骨

吕文德不礼孔圣

吕文德，宋末名将，外号“黑灰团”，作战有功，但是贪财，家产极丰，据说已富有到堪比西晋石崇。吕文德是北宋名相吕蒙正之后，但他这一族已经衰落，年轻时以砍柴卖柴为生，身材魁梧，是个小巨人。最有意思的是，吕文德是个文盲将军，也不尊重读书人，不礼敬孔子，理由是：“孔子没教我识字”。

咚咚几下把门闩撞断，涌进屋里。

只见吴曦几乎光着身子，一脸慌张，强作镇静地喝道：“你们是什么人？我是蜀王！”“我们是讨伐反贼的人！”李好义一声厉喝，挥手示意士兵上前。

吴曦势单力孤，赤手空拳，面对几个持刀“暴徒”，只好在屋里围着家具乱转，转来转去，就跟一名士兵撞上了。士兵一把揪住他的头发，挥刀就砍。吴曦一躲，砍伤了脸，血一下子流了出来。他痛得大叫一声，不知哪儿来的一股蛮力，反过身就将士兵压倒在地。

投鼠忌器，大家一时不知如何是好。时间紧急，若不赶紧解决掉吴曦，等大批军队赶到，刺杀计划就要流产。

“用斧头砍！”李好义大叫一声。后面拿斧头的士兵冲了过来，挥斧就砍吴曦的腰。吴曦身体肥胖，动作不灵活，腰间连中几斧，痛得放开了手，被压的士兵挣脱出来，反身砍下了吴曦的头。

这场令南宋朝廷非常恐慌的“吴曦之变”，就这样在短时间内出人意料地解决了。吴曦共称王四十一天。

向历史借智慧

有一种方法叫迎刃而解

在所有问题中，往往只有一个最关键，找准了关键，问题也就迎刃而解了。朝廷要解决吴曦的叛变，可以派大部队去攻打他，也可以策反手下军官。但对于叛乱军来说，最关键的就是首领，首领一死，其他事就容易解决了。

韩侂胄之死

“开禧北伐”失败后，宋金又议和。金国开出了非常苛刻的条件，其中之一就是要主持北伐的宰相韩侂胄的人头。韩侂胄的脑袋只有一个，所以，韩宰相大怒，拒绝谈判，决定再战。但就在这时，一场围绕他的政变发生了。

当时，宁宗的杨皇后一直对韩侂胄有意见，因为当初韩侂胄认为她没有做皇后的资格。此时，见韩侂胄已成众矢之的，她便趁机出来联络朝中大臣反对韩侂胄。

第一个站出来的是主和派、礼部侍郎史弥远。史弥远密奏宁宗，说韩侂胄轻启战端，百姓、将士死伤无数，公家私人都耗费了大量的财力、物力，给国家带来了无法估计的灾难，只有杀了韩侂胄，才能使国家安宁。

宁宗没理他。

杨后得知后，又嘱咐养子荣王赵曮在宁宗面前说韩侂胄的坏话。一次下班后，赵曮对宁宗说：“国家已经很困难了，再跟金

庙堂真相

满朝都是坏人

宁宗宠爱曹妃，韩侂胄腆着热脸认了曹妃为亲戚，有人就讽刺他，说大宋朝廷也有一个“杨国忠”，不过是假的。在一次朝廷饭局中，一个伶人说：当今政局就好比是客人卖伞，不油（由）里面——意思就是说韩侂胄专权，皇帝（里面）也做不了主。还有人发放小册子，在纸上画了几只乌贼，又画了些潮水，满街卖给小孩子们看，并教他们念：满潮（朝）都是贼。

国打，就会有危险。”

宁宗把赵曮骂了一顿。

杨后见宁宗如此信任韩侂胄，只好自己亲自出马。她找来一位大臣，让他秘密串联朝中几位大臣，一起弹劾韩侂胄，最好是弄死他。大臣领命出来，告诉了史弥远，让史弥远从长计议。史弥远到处串联，不久就联络好了几位大臣，其中一位是韩侂胄身边的工作人员。由于联络有点频繁，引起了一些人的怀疑。于是，有人密告韩侂胄。

韩侂胄就来问这位工作人员：“听说有人要搞掉我，你知道吗？”工作人员还以为这事很秘密，一下子被问到，顿时心跳加速。镇定了一会儿，他缓缓地答道：“我没听说啊，都是些什么人啊？”

工作人员转身告诉了史弥远，史弥远大惊失色：韩侂胄这人心狠手辣，让他知道了，可就大事不妙了。串联中的一位姓张的官员说道：“无毒不丈夫，现在他既然听到了什么，我们就得加快行动，干脆直接干掉他算了。”

史弥远没有打算弄成这个样子：现在既已如此，自己不动手，别人就要对自己动手了。与其被人干掉，不如先动手干掉别人，

庙堂真相

“嘉定和议”

“开禧北伐”失败后，金人向南宋政府提出五项和解的条件：第一，割地，把两淮地区（长江以北的江苏、安徽及湖北、河南两省东部）交给金国管理；第二，赔款，一次性给军费三百万两；第三，增加每年分期付款的额度；第四，归还投奔南宋的北方民众；第五，惩治战犯。其中第五项的主要内容就是要韩侂胄的脑袋。1208 年，南宋使者给金国人送去韩侂胄的脑袋，是为“嘉定和议”。

于是他同意了先动手干掉韩侂胄的建议。

史弥远找来一位武将，让他带三百个士兵，等在韩侂胄上班的路上，抓住他，动手做了他。

恰巧到了韩侂胄三夫人的生日，有官员经常来韩府蹭饭吃，今天也来祝贺，就陪韩侂胄饮酒作乐。

两人正喝得高兴，韩侂胄的一个死党给他送来了一个密信，说有人要密谋对他不利，让他出门注意点。韩侂胄把信扔在一边，不以为然地说："这些人真是神经过敏，喝酒都不让我好好喝。来，满上，干。"一边叫人把密信给烧了，继续喝酒到凌晨。

天刚刚亮，韩侂胄就起来准备去上班。送密信的死党又上门来劝说他不要轻易出门。韩侂胄此时还没完全醒酒，很不高兴地说："谁敢！谁敢对我下手？你快给我消失。"

死党连说，宁可信其有不可信其无。韩侂胄就是毫不在意，上了车叫车夫快点走，说不然要迟到了。

走着走着，就被一队京城卫队给拦住了。韩侂胄很不舒服，大发脾气："谁要来汇报工作啊？等我见了皇上后再说。"

武将走了出来，答道："皇上有令，罢免了太师您的相位，

社会风情

金国迁都

金国迁都有主动的，也有被动的。金国最初建都于原辽国首都会宁（在今哈尔滨市阿城区）。公元 1153 年，海陵王完颜亮为了更好地享受花花世界，迁都燕京（今北京），会宁就成为上京。蒙古人打来后，金国开始往南逃，先迁都南京（今河南开封），后迁都蔡州（今河南汝南）。公元 1234 年，蒙古军攻下蔡州，金国灭亡。

特让我来告诉太师。太师，请下车吧。”韩侂胄大怒，但酒醒了，不下车。武将懒得跟他废话，一挥手，几个大兵就过来了，掀开车帘把韩侂胄拉下车来，拖着就奔附近的一个花园去了。来到花园，他们把韩侂胄按着跪在地上，装模作样地读了一通诏书，然后用一个锤子对着韩侂胄的脑袋就是一锤，把韩侂胄给打死了。

宁宗一直不知道这件事，大臣对他说韩侂胄死了，他根本不信。过了三四天，外面都传得沸沸扬扬了，他才相信是真的。到了这时他也无可奈何了，于是就任命史弥远为宰相，让他主持对金国的和谈。

史弥远有了韩侂胄的人头，不久就谈出了结果，双方又签订了一个和约。而一朝重臣韩侂胄的脑袋被匣子装起来，作为议和的见面礼物，送到金国去了。

向历史借智慧

大难临头各自飞

唐朝武则天时，因为某次叛乱，很多官员受牵连。有人不服，去找宰相评理。宰相甲说，这是武后的意思，你找我没用；宰相乙说，贬你的官是我提出的，因为你跟叛乱的人有牵连。武则天知道后，说领导和下属是一体的，当然要有难同当，所以宰相甲受罚，宰相乙有赏。但有难同当，往往只是领导对下属的要求，下属是不能这样要求领导的。当需要有人牺牲时，被牺牲的只可能是下属。

“罗日愿事件”

史弥远干掉韩侂胄以后，为巩固自己的地位，把韩侂胄一派彻底清理出朝廷，实行了恐怖统治。他下令大肆抓捕跟韩侂胄有关系的人，关进大牢审问。对审问中牵连出的任何人，他都不放过，再抓起来审问，有问题就杀，没问题就流放。一时间朝廷一片恐慌，大臣们战战兢兢。就在这时，发生了“罗日愿事件”。

忠义军副总指挥罗日愿算不上韩侂胄一党，但他们之间有一件颇为隐秘的事，朋友不知道，其他的人恐怕也不太清楚，却可能让史弥远把他划归韩党。当初，韩侂胄的北伐让一大批人兴奋了起来，罗就是其中一个。他日思夜想，给韩侂胄写了一封信，讲了他的一些看法，不久就受到了提拔。虽然没明说提拔的原因，但罗日愿心里知道，肯定是因为那封信。

想起信的事，罗日愿额头出汗了。“怎么办？刀马上就要架到脖子上了。不行，不能等着人家来抓我，然后我表白说就那一次，没其他来往。这多难堪，有损人的尊严。”

庙堂真相

金国朝廷也陷入困境

当南宋朝廷接连出现韩侂胄、史弥远两位权臣，内政和外交都毫无进展的时候，敌人金国的日子也没好过起来。1208 年，金章宗去世，他叔叔完颜永济即位，这位花花老爷当时已经五十六岁，治理国家的成绩并不比南宋的皇帝强，金帝国在新崛起的蒙古面前，日益陷入危机。1213 年，他死于武将叛乱。

而且，史弥远的所作所为也让罗日愿很不满。大臣在朝廷上稍微多说几句，或稍微跟韩侂胄有点关系，史弥远就把他们赶出朝廷。就像上次，一位大臣在朝廷上提了那么一句：“皇上，现在边境无事，国泰民安，但您也不能安享太平，把权力完全给下放了，那样会又出现一个韩侂胄的。”第二天，这个人就不见了，听说是去了某地当地方官，但是哪个地方呢？东部开放城市还是中西部贫困地区啊？想想就叫人觉得恐怖。

但一连几天，罗日愿没什么头绪。一看到士兵就担心是来抓自己的，心惊肉跳。

这天，罗日愿下班，碰到了京城卫戍部队的几个训练官。罗日愿当初赞同北伐，跟这些人就有些来往。武人豪爽，罗日愿跟他们很合得来，于是一起去了一个僻静的茶楼喝茶聊天。聊着聊着，就聊到了史弥远身上。几个武官都义愤填膺，表示很看不惯史弥远，甚至想干掉他。罗日愿一听，觉得除掉史弥远又有些希望了，便说这事得从长计议，史弥远耳目众多，心狠手辣，得小心。

于是，几次来往后，他们制订了一个计划：第一步，干掉史弥远。他们以征讨叛乱的少数民族为名，掌握了一部分军队，然

野史秘闻

周必大福薄

周必大身材高大而脸庞清瘦，样貌如同野鹤。孝宗私下感叹说：“有宰相之才！只是怕他福薄。”一个老宦官回答：“皇上说的周必大吗？臣观察司马光的画像，也像周必大一样清瘦。”司马光可是一代名相，孝宗笑了，于是提拔周必大。周必大后来做了多年太平宰相，活了快八十岁，可是一点也不福薄。

后在史弥远过江回朝廷，大臣们都去江边迎接的时候，举火为号，把他们统统抓起来给杀了；第二步，挟持皇帝。干掉史弥远后，立刻带兵进入皇宫，让皇帝犒赏士兵，升他们的官，让他们进入宰相团队，由他们掌握朝政。

“来，大人们，成败在此一举，干了！”武官们一时兴奋起来。

罗日愿也高兴，就要有出头之日了，阴霾散去，晴天即将到来。但是，他又提醒道：“将军们，计划就我们几个知道，不要告诉太多的人，那样容易出事。”

“放心，都是哥们儿，谁敢告密，我第一个宰了他。”“那就好，干！”大家又痛饮了一阵，尽兴地散去了。

但罗日愿最不愿意看到的事还是发生了。那天，史弥远正在朝廷和一帮将要出使金国的人商议怎么给金国的新皇帝送登基礼物的事。眼线给他送来了一封密信，史弥远打开一看，惊得头上直冒冷汗。“好险！还好我的狗崽子不少，不然还不让你们给得逞了？”史弥远咬咬牙，看着疑惑的大臣们说：“我收到密报，有人要造反。”

“谁？”

社会风情

“满朝朱紫贵，尽是四明人”

史弥远当上宰相后，大摆筵席，并请杂剧艺人表演节目：一人念诗：“满朝朱紫贵，尽是读书人。”旁边一人反驳说：“错了！满朝朱紫贵，尽是四明人。”四明，在浙江宁波境内，指史弥远的老家。这话是讽刺史弥远把持朝政，满朝官员都听他的话。从此史弥远恨上了杂剧艺人，整整二十年禁止杂剧进史家的大门。

“罗日愿！”

罗日愿立即被捉了起来。他很后悔，武夫就是武夫，虽然豪爽，但也粗心，以为喝几碗酒就可以同年同月同日死了，这样最容易出事。他只好认命。

罗日愿一伙被处决后，南宋朝廷迎来了历史上最黑暗的恐怖时期——没人再敢出来对史弥远说一个“不”字了。

向历史借智慧

谨防做贼心虚的人

历史上有过很多查办大案时把“机密文件”当众烧掉的事情，这常常被视为一种明智之举。罗日愿谋反，并不是因为他有多大的政治野心，而完全是因为他“做贼心虚”；而不能消除“贼人”的心虚，则是史弥远的工作没做好——要么彻查严办，要么明确表示不计较，不能含含糊糊或者不表态，否则将自受其害。

成吉思汗横空出世

公元 1206 年秋天，蒙古人铁木真决定向西攻击乃蛮人。

此时，札木合正在乃蛮，极力怂恿乃蛮太阳汗攻击铁木真，太阳汗以为自己无比强大，当即答应，率领部队向东攻击。铁木真自然无所畏惧，带兵迎战。两军在杭爱山相遇。

乃蛮人向来强大，这些铁木真是知道的。“这次怎么打呢？”铁木真一边行军，一边思索着。“打草惊蛇，先吓吓他，看他如何反应？”铁木真想到了一计。

于是，当天晚上，他布置了一个火光阵。“把你们的火把都举起来，要让乃蛮人感觉咱们就要攻过去了。”铁木真授意士兵们。

果然，乃蛮人的兵营一阵骚动，也亮起了火光。铁木真又命令把火灭掉。将士们有些不解，但执行命令就是了，大汗打仗向来神出鬼没。

乃蛮人的火光也随之熄灭了。铁木真又令人把火点上。如此三番，举了灭，灭了举，直到乃蛮人的火光彻夜不熄。

社会风情

成吉思汗门下走狗

有时候，称谁谁是某某的一条狗，竟然也是一种赞美！铁木真手下就有“四狗”，是作战勇敢的四位先锋：忽必来、哲别、木华黎、速不台。当代作家王小波的粉丝们也自称“门下走狗”，不知道是不是与这个典故有关。一个好汉三个帮，西方的王子身边也总有几个死党骑士，可见成功人士身边都得有几个忠诚的帮手。

第二天天一亮，铁木真就率领部队向乃蛮人逼过来。看见乃蛮人一个个精神不振的样子，铁木真的自信心越来越强了。

而这时，太阳汗也携札木合在山上观看蒙古军的形势。

太阳汗首先看到了“四狗”，见他们威武非凡，称赞了一声，问札木合他们是谁。札木合答道：“铁木真麾下著名的‘四狗’，打起仗来像疯狗一样，很是厉害。”太阳汗一听，不由自主地说：“那我离他们远点。”往高处走了几步。

太阳汗又看见了一员大将，骑着高大的骏马，旋风一般地奔过来，又问札木合此人是谁。札木合道：“铁木真的前锋，非常勇敢，每次打仗带头冲锋，所向披靡。”太阳汗的心一颤，有了一丝害怕的感觉，又往离得远的高处走了几步。

最后，他看到了铁木真，虎背熊腰，威风凛凛，不禁双腿发软，于是连走几步，一直走到山顶。

铁木真看见乃蛮人的帅旗一直往山高处挪，心里有点纳闷。过了一会儿，有人送来一封信，是札木合给的。里面说，太阳汗看见你的军队就怕得要命，实在是个无能之辈，你一战就可以把他给灭了。我就先走了，有机会再战。

庙堂真相

一代天骄成吉思汗

铁木真（1162—1127），1206 年，统一蒙古各部落，号成吉思汗。三次入侵西夏，西夏请和。1211 年，成吉思汗南下攻金，1215 年，占领金中都。1219 年，蒙古大军西征，引发了西亚到欧洲的民族大迁移。1227 年，成吉思汗病逝，结束了征战的一生。与一般的皇帝不同，成吉思汗的影响及于亚洲和欧洲，是世界史上的伟大的政治家、军事家。后人评价，到了成吉思汗和他的子孙们这里，才出现了真正意义上的世界史。

“肥肉，一块大肥肉啊。”这时，一直沉默的木华黎说话了。铁木真高兴坏了，“消灭了乃蛮人，草原上我就为王了。”于是传令下去，准备进攻。将领听到要进攻，也很高兴，争着打头阵。“今天没有头阵、二阵，都给我进攻。目标只有一个，消灭乃蛮人，活捉太阳汗！”

“大汗，我倒另有一计，不知是否可行？”铁木真眯缝着眼睛看着木华黎——他就喜欢这样爱动脑筋的将领——示意他把话说完。

“咱们昨晚骚扰了乃蛮人一个晚上，他们肯定没休息好，今晚肯定挺不住。我们等他们睡熟了，前去劫营。再安排一支人马堵住山口，保管能全歼乃蛮人。”

“好。”铁木真听完，豪爽地哈哈大笑，“这一仗是对乃蛮人的最后一仗，只准进，不准退。”

果然如木华黎所预料的，蒙古人砍倒山下放哨的，攻到山上时，只看见黑暗里几点微弱的光，耳边传来的除了风声，就是舒服的鼾声。将士们大喊一声，冲进营帐挥刀就砍。可怜的乃蛮人，很多还在睡梦中就去见了阎王，醒过来的，全部投降。乃蛮人的

野史秘闻

成吉思汗的豪言

铁木真成为成吉思汗，宴请部下，问他们：“人生在世，什么事最快乐呢？”木华黎说：“荡平世界，统一宇内。”博尔术说：“带着老鹰，骑着骏马，出猎旷野。”其他人也纷纷发言，答案不一而足。成吉思汗说道：“把仇敌杀灭干净，夺了他的骏马，占了他的财物，并把他妻女抢回来享受，这是我最快乐的事情！”说完大笑。

队伍一时土崩瓦解，太阳汗自己也被活捉了。太阳汗被押了上来，铁木真一看他浑身发抖的样子，命令道："砍了。"

不久，札木合被部下出卖，也被送到了铁木真手里。札木合曾是铁木真的哥们儿，因为部落利益，两人成了仇人，从 1201 年一直打到 1206 年。开始，铁木真联合克烈部打败了札木合。札木合便施计离间铁木真与克烈部，并与克烈部联合夹击铁木真，杀得铁木真大败，带着四千多残兵狼狈地逃到了贝尔湖东。但不久，铁木真就在四千人的基础上重整旗鼓，旋风般地杀了个回马枪，三天后就消灭了克烈部。现在，札木合又鼓动太阳汗来与铁木真作对，一样被消灭得干干净净。也就在他们俩斗争的过程中，蒙古各部落不是被铁木真征服，就是被消灭，铁木真就要统一蒙古草原了。

此时的札木合羞愧难当，觉得铁木真才是真正的草原英雄，没脸再见他，请求自杀。铁木真同意了。

1206 年冬天，铁木真在斡难河源召开大会，建立了蒙古汗国，并得到了"成吉思汗"的称号。

在建蒙古汗国的同时，铁木真开始攻打西夏、金国。一股草原的飓风南下了。

向历史借智慧

新的规则在兴起

在南宋、金国、西夏都显露疲态的时候，一种致命的新力量来了，这就是令人闻风丧胆的蒙古人，一种新的规则也在兴起：暴力为王。蒙古人靠马背上的蛮力优势征服世界，而不是靠文明的力量征服人心，甚至，直到蒙古人在中国建立的元政权倒塌之际，蒙古人也没学会一丁点的中原文明。蒙古人是革命者，但远不是建设者。拒绝文明、拒绝接受先进事物的人，是不可能长久成功的，成吉思汗领导下的辉煌，如昙花一现，人一亡，政则息。

第四章　大仇得报

金宣宗南侵

南宋嘉定十年（公元1217年）四月，金宣宗完颜珣下令对南宋采取军事行动。

金宣宗是迫不得已才对南宋发动战争。面对蒙古人的不断进攻，金国不断败退，1215年的时候南退到了开封。金宣宗异常苦恼：再这样退下去，大金国就要亡啦。怎么办？

大臣纷纷献策。一派说：蒙古人厉害，黄河以北既然失去，就干脆不要了，我们到南方去开拓生存空间；另一派说：南方可是宋人的地盘，去那里开拓生存空间，和开战无异。我们不能和南宋开战，应该把南宋变成朋友共同对付敌人蒙古。

两派争吵得很厉害，金宣宗一时不好做决定，便听了主战的宰相术虎高琪的话，签署命令，先对襄阳进行一下非决定性攻击。

战争虽然打响了，但金廷的争吵并没有立刻停下来，大家你一句我一句，各说各的理由，希望金宣宗能支持自己。

反战派说：第一，用武力使南宋屈服的想法是不切实际的。

名臣风骨

有远见也要有对策

1215年，也就是金宣宗把首都从燕京（今北京）迁到汴京（今开封市）时，南宋官员真德秀指出，今日的蒙古人就是当年的女真人，蒙古一旦与我为邻，也一定会效法女真已经施行过的老办法，不能不预先考虑应对之策。但可惜的是，他也想不出来什么应对之策。有远见很好，但要是再能够给领导提几种解决思路，就更好了。

太祖太宗的时候，我们何等英勇，何等有战斗力，结果怎样呢？现在我们的战斗力大不如前，却叫嚣什么打垮南宋，扩大疆土，简直就是痴人说梦。

第二，我们出击，如果南宋采取坚壁清野的战略，坚守不出，等我们粮食吃得差不多，士兵也疲惫的时候，派些人马来袭击我们，那时就不好办了。进又进不得，退的话，宋人就会追着我们的屁股打，岂不是偷鸡不成蚀把米？

第三，我们现在就剩下黄河以南这一块地区了，人民吃饭都成问题，哪还有能力供应打仗啊。南宋有江南充足的粮食供应，就是拖也能把我们拖垮。所以，为了对抗蒙古，双方就得议和，联合起来共同抗蒙。就算南宋不与我们联盟，蒙古人看到我们一心抵抗，也得考虑考虑。

主战派听得耳朵很不舒服，反驳道：首先，我们不要长他人志气，灭自己威风。十年前宋军主动进攻，最后被我们打了个落花流水，还乖乖地主动送上当朝宰相的人头。

再者，南宋军队就是缩头乌龟，现在内乱不休，缺乏得力将领，他们是没有胆来袭击我们的。只要我们的军队一出现，他们准吓

野史秘闻

伪主刘豫盗墓

刘豫在金人扶持下做了伪皇帝，册封小妾钱氏为皇后。钱氏曾是徽宗时的宫女，懂一些皇家规矩，所以刘豫时不时地向钱氏请教。刘豫见士兵买到一个玉碗，精巧异常，一审问，原来是从北宋皇陵中得来的。此后刘豫就发现了一条生财之路，即挖别人家坟，盗别人家墓。

得直尿裤子，不是逃跑，就是投降。

最后，主动议和是丢脸的事，绝不可行。

但反战派的声音没有就此消失，宣宗被吵得心里烦，就说道：“那就先草拟一份和约出来看看吧。”

反战派立刻就起草了一份合约。金宣宗拿到朝廷上来讨论，主战派一看，大叫大嚷：“这是议和吗？我咋怎么看怎么像是求和啊？你听听这词用的，简直是跪在地上苦苦哀求啊。我们大金国干过这事吗？这是示弱，哪是议和？”于是，主战派一致反对议和。金宣宗没法，只好把它存档了。

反战派还是觉得不能打，建议把重兵调到边境，对南宋形成压力，迫使他们议和。

主战派觉得大军既然已经出动，战争已经打响，让反战派等着瞧好了。

谁知，不久就传来金兵在襄阳碰钉子的消息。五月，宁宗下令：地不分南北，人不分老幼，哪儿有金兵，就往哪儿打，总之，抗金就是爱国，给我打就行了。

于是金国朝廷议和的声音又大了起来。另一位宰相向金宣宗

野史秘闻

金人诸将好杀

金宣宗以下诸臣，大部分都是凶神恶煞之辈。徒思忠好以麻椎杀人，人送绰号“麻椎相公”。雷希颜一次杀掉土豪五百人，人称“雷半千”。李特立以杀人立威为荣，时人谓之“半截剑”。冯壁以马裂人为乐，人称“马刘子”。都是些“魔教”人物。

上书，提出南侵有“六不可”，一二三四……条分缕析，看得金宣宗心惊肉跳，思考了好久没有说话。但朝政控制在权臣术虎高琪手里，他不同意。金宣宗也觉得不甘心，于是，这年十二月金军又派兵分几路向川陕进攻。

这次传来的是好消息。金宣宗松了口气，可以安心睡几天了。但到 1219 年时，坏消息又传来了。南宋政府湖北枣阳边防军司令孟宗政在枣阳城下大败攻城的金军，这还不算，他还追，一直把狼奔豕突的金军追击到邓州才返回，金军从此不敢再窥视襄汉（襄樊及汉水流域），金人一听襄汉，怕得如同白日见鬼。

金宣宗的南侵就这样在一胜一败、一好一坏中进行。双方在边境上你打过来，我攻过去，玩了个不亦乐乎。就这样，一直到 1223 年，金国权臣术虎高琪早被砍了头，金宣宗也去见了阎王，金哀宗完颜守绪上台，宋金的这场战争才告结束。

但是，南宋政府里面的故事五花八门，才刚刚开始。

向历史借智慧

在困难面前表现得好一点

让人大感讽刺的是，在宋人眼里强大如虎的金国人，遇到更强大的蒙古人时，把宋朝人遭遇金国人时的紧张、犹豫、害怕、退缩、不自信等原封不动地上演了一遍。原来，再强大的英雄遇到挫折和困难时，也会有和普通人一样的心理。认识到这一点，我们就知道，第一，不要自卑，强人也有内心脆弱的时刻；第二，牢记历史经验，困难的时候，畏惧和退缩解决不了问题，坚强一点、勇敢一点，才可能创造奇迹。

史弥远的美女间谍

公元1221年，赵竑被宁宗封为太子。赵竑是宁宗弟弟的儿子，杨后的养子赵曮早在几年前就得病死了，宁宗壮着胆子把侄子要过来，封为太子。

赵竑素有大志，看到朝政日坏，心里很不是滋味："史弥远、杨后，这两个大坏蛋，相互勾结，做尽了坏事。我一旦掌权，就要惩罚他们。"赵竑一想到他们，就恨得牙根直痒痒。

但赵竑没有政治头脑，不懂得韬光养晦，喜怒皆形于色，让史弥远一下子就看出了赵竑对他不怀好意。于是，史弥远开始想法子对付赵竑。

"小孩子，好对付。看他喜欢什么，投其所好就是。"史弥远思考着，"但重要的是得有个人帮我盯着他，免得他关键时刻捣乱，其他的事就慢慢来"。

终于，史弥远打听到了赵竑喜欢弹古琴。史弥远眉头一皱，想出了一个绝妙的办法来监视赵竑。

社会风情

南宋朝的杨贵妃

早年宁宗立皇后时，韩侂胄力挺曹妃，因此与杨妃结下了仇。还是杨妃机智，趁宁宗喝醉了，让他写下立杨氏为皇后的字据。杨氏当上皇后，和史弥远联手干掉了韩侂胄。杨皇后、史丞相，加上枢密使姓安，当朝一时盛传唐玄宗"杨安史"的故事又要重演了。可见历朝历代，历史一直就是人们的一面镜子。

他从偏远的地方买来了一名擅长弹琴的美女，通过别人送给了赵竑。赵竑一看，姑娘很美，而且还会弹琴，心里很是喜欢，时间一长，把她当成了无话不说的知己。

没多久，史弥远就通过琴女掌握了赵竑的一举一动。

赵竑非常有心，史弥远和杨后每干一件坏事，他就在书案上记上一笔，时间一长，写满了整个书案，让琴女很不好清理。赵竑还暗地里说他一当政就要废了史弥远，把他流放到八千里外的边远地区。一次，他还指着墙壁上的地图对琴女说，琼州、崖州就是流放史弥远的很好的地方——这两个地方在当时是兔子不拉屎的地方。

不过，赵竑后来又改变了主意，他称呼史弥远为“新恩”，意思是将来要把史弥远流放到新州或恩州——这两个地方是琼州与崖州的山寨版。

赵竑的老师真德秀（那位有远见而无建设性意见的人）曾多次劝说他要忍耐，他提醒赵竑：“韩非子说过，做皇帝要深藏不露，大臣才没法猜测，才不会绞尽脑汁投其所好，只知道埋头干活。史弥远是皇上所宠幸的人，杨后是皇上所依赖的人，您撼不动他们，

庙堂真相

宋理宗奇人异相

1121 年，史弥远的家庭教师余天锡在绍兴一位保长家里做客。席间，有两位少年侍立一旁，保长告诉他：“这是我的外孙赵与莒和赵与芮，前些日子，曾有人说这两个小家伙以后会贵不可言。”余老师震骇，回去后报告史弥远。史弥远见了赵与莒也是目瞪口呆，还推荐给宁宗当儿子。宁宗改其名为赵贵诚，让年仅十七岁的他担任皇宫卫队队长。1125 年，赵贵诚即位，是为宋理宗。

搞不好还会弄巧成拙。您要多孝敬杨后，笼络史弥远，才能稳固太子之位。”赵竑把这些劝谏当成了耳边风。

史弥远得知这一切后，心里闪过了一丝恐惧，决定废掉赵竑的太子之位。他找来心腹，让他暗地寻找合适的宗室子弟，作为太子预备人选。心腹找来找去，找到了一个叫赵与莒的太祖后人。史弥远把他推荐给了宁宗，宁宗把他改名为赵贵诚。

嘉定十七年（1224 年）八月，宁宗突然病重，不能处理朝政，史弥远决定开始实施他的废立计划。

史弥远瞒着杨后连夜带赵贵诚入宫，在太监、宫女面前混了个脸熟。当即，史弥远就假传圣旨，说皇帝改立赵贵诚为太子。又过了五天，宁宗去世，史弥远将废立太子的打算立即告诉了杨后。杨后虽然不喜欢赵竑，但对史弥远的自作主张深感不快，愕然道：“皇太子赵竑是先帝所立，怎么可以擅自改变呢？而且是在这个当口，怎么让大臣心服呢？”

史弥远见状，派杨后的侄子一夜之中先后七次进宫，向杨后传言，把其中的利害说给杨后听。杨后禁不住一再劝说，又考虑到自身利益，终于同意了史弥远的做法。

社会风情

童谣作为攻击武器

吴潜做了宰相，其兄吴渊也是大官，贾似道故意使人造了一首童谣，报告给理宗皇帝：“大蜈蚣、小蜈蚣，尽是人间业毒虫。夤缘攀附有百足，若使飞天能食龙。”攻击吴潜搞小团体，结党营私，吴潜被贬职。之后贾似道又让人毒死了吴潜。

于是，历史上惊心动魄的一幕出现了。杨后、史弥远立即派人去宣召赵贵诚，特意吩咐前去的人说：“是沂王府的皇子（指赵贵诚），不是万岁巷的皇子（指赵竑），如果搞错了，就斩了你们！”

此时，真正的太子赵竑得知了宁宗驾崩的消息，正在万岁巷的府邸焦急等候，等待宫中派人宣召自己进宫。但就在他急不可待地跑到大门口张望的时候，宫中派出宣召赵贵诚的使者刚好从门口经过。等他纳闷使者为什么没有进府，而在门口走过去的时候，使者已经簇拥着赵贵诚再次走过他的门口，直接进宫去了。

赵贵诚进宫后，杨后给他改名为赵昀，让他跪拜宁宗灵柩后即了位，这就是宋理宗。太子赵竑则被废为济王，出居湖州。临走时，他还对已经回到主人处报到的内鬼——那个琴女——恋恋不舍。

向历史借智慧

煮熟的鸭子会飞

唯一的正牌太子在临登基那一刻，被掉了包，好比足球场上临门一脚，足球自己跑出界了。赵竑没做上皇帝，这结局对南宋朝廷来说是喜还是悲、是幸还是不幸，且不去管它，我们只知道：即使煮熟了的鸭子也可能会飞走的，人生总有很多意外，在事情没有完全实现之前，且不可麻痹大意，更不可轻言放弃，最后一分钟、一秒钟，都有可能发生扭转乾坤的突变。不麻痹，不放弃！

湖州之变

公元1225年，宋理宗即位，新年刚改元，就传来了湖州有人造反的消息。造反的人叫潘壬，是位大学生，因十分不满史弥远擅废太子，打出拥护济王赵竑——那位总想把史弥远发配到蛮荒之地的前太子——的旗号，在湖州反叛朝廷。

读书人造反如同借贷做生意，自己没有本钱，也不会积攒本钱。潘壬之所以敢打旗号造反，是因为他和山东的红袄军取得了联系，红袄军也答应，只要他一动，立即前来湖州。

但是，多日过去了，红袄军杳无音信。潘壬派了几拨人去提醒红袄军，可回来的人众口一词：那些人说根本没有这回事。

潘壬气得死去活来，只好自力更生。他让人叫其他几个弟兄来商量。商量来商量去，他们觉得还是各自去找同伙，不管什么人，打鱼的、贩盐的，只要愿意，都叫过来，越多越好。就这样，几个人散去了。

很快，他们就集合了一支上千人的队伍，在黑夜中向济王府

庙堂真相

史弥远的"三凶"

好人有好汉相助，坏人有恶人撑场。1225年，一个叫梁成大的人对史弥远的心腹办事员万昕，铁杵磨针一样地谄媚。万昕对他说："真德秀这个人前段时间提醒皇上，济王之死是个冤案，惹得史老大很不高兴，应该让他滚蛋。"梁成大说："如果我能进入政府机关，一定能让您美梦成真。"于是，梁成大被擢升为御史。从此，梁成大与另外两位恶人莫泽、李知孝一起，成为史弥远的作恶先锋，人称"三凶"。

赶过来。

喜欢发配史弥远的济王正在睡觉，潘壬自称是红袄军的人，骗开门闯进了济王的卧室。

济王赵竑急忙藏了起来，潘壬从床底下把他揪出来，对他说：“王爷，我们听到您被废，到了湖州，很是气愤。我们联络了红袄军，他们就在城外，二十万人马，随时供您调用。我们要拥护您做皇帝。”

原来如此，不是打劫的，赵竑放了心。深藏心底的不平又被翻了出来，在他心里开始翻滚。“让我好好想想。”赵竑看了看潘壬等人，思考着。

“还想什么？咱们现在就去市政府，把那儿当作皇宫，您就即了位，然后下诏告诉天下，发兵讨伐贼人史弥远。”潘壬迫不及待地说。见赵竑还在走来走去地思考，他朝手下使了个眼色。几个大汉走过来，扶着赵竑就出了府，上车直奔市政府而去。

来到市政府，潘壬等人砸开锁就进了市府大堂，搬来一把大椅子，让赵竑坐了上去，取出准备好的一件黄袍，披在了赵竑身上——几百年前的“黄袍加身”复活。

社会风情

官员绰号

吏部侍郎赵叔问，体肥而喜睡，又不爱招徕宾客，常在自家门口挂一“歇息牌”——类似今天的“请勿打扰”，时人呼为“三觉侍郎”。三觉，朝回（上朝后）、饭后、归第（回家后）。

官员薛极、胡榘，都是史弥远的亲信，帮着史弥远干坏事，民间称呼这两人是“草头古，天下苦”。

赵竑见情形如此，也就坐正了身子，叫人把市政府一干人员叫过来听命。

市府官员在一把手的率领下走了进来，跪在地上给赵竑祝贺。赵竑一挥手，让他们平了身，一时感觉出奇的好：还是当皇帝过瘾。赵竑兴奋得双手在椅子上搓来搓去，命令道："把仓库里的金银财宝都拿出来犒赏三军。快去准备檄文，明天，讨伐史贼。"第二天天蒙蒙亮，赵竑就被一个仆人推醒了，说大事不好。

赵竑揉揉眼睛，听仆人继续说道："我刚才出去看了看，什么二十万军队，根本就是几个小毛贼。什么捞鱼的、贩盐的，我平时出去买菜买东西，大多都认识，除了他们就没其他人了。"

赵竑抽了仆人一嘴巴，仆人立即"哎哟"一声。原来不是梦，是真的！

这时，市府一把手也赶了过来，向赵竑报告了相同的情况。

"这群小毛贼，害人不浅啊。怎么办？先下手为强。"赵竑一下子机灵了起来。"大人，你去集合警察部队，让他们赶紧操棍子，打击暴徒，维护秩序。还有，"赵竑说道，"不要再叫什么皇上了，再叫就要出人命啦。"

野史秘闻

秦桧之后

南宋大奸相秦桧的曾孙秦钜，在蕲州做官。金军来犯的时候，与郡守李诚之一起浴血奋战，保卫一城，后来城破，秦钜又领兵巷战，战到最后，带着一家人自焚而死也不肯投降。可见奸臣之后，也有忠孝。不过，也有人说，秦桧的儿子其实是过继来的，所以秦桧无后，保家卫国的"秦氏后人"其实不姓秦。

看着市府一把手转身要走，赵竑又叫住他，说道："檄文还没发吧。好。同时报告朝廷，说有人造反，我们已开动平叛计划了。让朝廷不要着急。好了，快去。"

"得了。"市府一把手去了。

不久，在理宗派出的军队到达之前，叛乱就平息了。史弥远觉得赵竑始终是个麻烦，便派个医生去了趟赵家，逼他上吊自杀了，对外宣称赵竑暴病身亡。

向历史借智慧

人生能上不能下

人，都有一个毛病，就是能上不能下，做过了宰相，再做地方官就觉得抬不起头；拿过一万块的月薪，再找一个工资六千块的工作，即使日子再美好，也铁定干不长。就算是一个守门的老头儿，也会拉着一个人就开讲"老子当年"如何如何。人有往高处走的心思，不是坏事；如果从高处跌下来了，好好总结下，痛定思痛，自然也不错，大可以放下所有的不甘心、享受当下。高处不胜寒，谷底也许有山顶上看不到的好风光。

陈寅守西和州

随着蒙古和金之间战争局势的变化，南宋、蒙古、金之间的关系也不断发生着变化。

蒙古人一直想利用南宋与金国的深仇大恨，联合南宋攻金。但南宋政府鉴于北宋时宋金联合灭辽后，金国趁机灭亡北宋的历史教训，在联金抗蒙还是联蒙攻金的问题上摇摆不定。特别是金哀宗上台，改变了金对南宋的政策后，南宋和蒙古的关系一下子变得冷淡起来。

蒙古看到这一点，也调整了政策，试图通过武力迫使南宋臣服。

宝庆三年（公元 1227 年）二月，蒙古派兵对南宋采取了军事行动，目标是剑门关外五州。西和州（今甘肃西和县）州长陈寅这段时间极度紧张，一连派出了好几拨探马，打听边境上蒙古军队的情况。探马回来报告说：蒙古军队直扑兵力弱小的阶州，一鼓作气拿下阶州后，现在正朝西河州排山倒海般冲来。

“短短两三天阶州就失守，这仗是怎么打的？”陈寅有点纳闷，

庙堂真相

眼界决定命运

自蒙古兴起后，西夏国就再没有过好日子，1227 年，西夏灭亡，皇帝和所有皇族全部被杀。同一年，成吉思汗去世，皇位空缺两年，由第四子拖雷监国，两年后，第三子窝阔台即位。成吉思汗的四个儿子个个都能征善战，堪为一代领袖，如果四兄弟为了争夺皇位而打起来，世界都要被他们闹翻；但很庆幸，他们的地盘足够大，眼界足够开阔，因此不需要挤在一小块地盘上互相摧残。眼界决定命运，走得远，就可以避免重复别人的命运。

更有点恼火，“难道真像传说中的那样，蒙古骑兵来如电去如风，刀锋所向没有人能够抵挡？”于是他又问驻扎在川陕边境一线的部队有没有出动。

探马报告说：因为朝廷一向告诫边境将帅，宁可忍痛挨打，不可先动手，所以，他们不敢主动出击，等明白真是蒙古兵打来的时候，阶州就快不行了。向上级层层请示还没结果的时候，阶州已经失守。

得知了这一切，陈寅觉得是时候让他们来试试蒙古人的刀锋了。于是，他下令全城戒备，并动员士兵立刻作好战争准备。不多久，伴随着漫天的黄尘，蒙古骑兵旋风一样席卷了过来。

“坚守岗位，快点行动起来。我们来到这里就是要为国牺牲。我们要战斗到最后一个人。我倒要看看蒙古人到底有多可怕！”陈寅一边指挥，一边吼道。浑厚的声音穿透连成片的马蹄声，震荡着每一位将士的耳膜。

两三天后，蒙古军队安静了下来。“他们又在耍什么花招？”陈寅时刻注意着敌营的情况，一有变化，他就让探马去查清楚，好做下一步打算。但这一次，探马什么都没打听到，这让他心里

野史秘闻

不敢跟先帝比

孝宗皇帝以孝顺著称，退休后，住在以前高宗皇帝住过的重华宫。有宦官告知，宫里有高宗皇帝留下的很多图书、珍玩、书画之类，要不要取出来看看。孝宗大惊说：“这怎么可以。先帝中兴，功德盛大，所以才能享受那些好东西，我哪敢跟先帝比！”

很不安。

不久，探马传回消息，说蒙古兵在离西和州不远的一座城池附近，用计把边境的一支大军诱了出来。那支大军看到蒙古兵稍稍退却了几公里，将领以为蒙古人进攻该城池受挫，要收兵逃走，而且又急于过来给西和州解围，所以没多想就带着人马朝后退的蒙古兵杀了过去，谁知中了埋伏，主力被歼，几位将领战死。

陈寅黯然神伤。但过了几天，让他更心碎的消息传过来了。四川方面军的元帅对蒙古人进攻的神鬼莫测感到非常害怕，已下令放弃关外五州。阶州被占领后，其他三州的军队不久就全撤走了，蒙古骑兵随即进驻三州，烧杀抢掠，百姓如入地狱。

这下关外就只剩下西和州这个钉子户了。它挡住了蒙古军队前进的道路，也因而受到了蒙古军队的疯狂进攻。

“老子死也要死在冲锋的战场，坚决不做逃兵。”陈寅愤怒地想着。虽然前途不妙，但他精神抖擞。“兄弟们，不要害怕，不要心急。我会始终和你们在一起，只要我们坚持一段时间，朝廷就不会不管我们。我们的粮食非常充足，足够坚持一年半载的。所以，咱们要咬住这伙蒙古兵，把他们拖在这儿，慢慢弄死他们。”

社会风情

宋朝的官帽

宋朝的官帽，让后人印象深刻，其实它的发明者，正是宋朝开国皇帝宋太祖本人。宋太祖登基后，为防止议事时朝臣交头接耳，特意设计了一款新的乌纱帽：在帽子两边各加一个长长的翅膀，只要脑袋一动，软翅就忽悠忽悠地颤动。这样一来，大臣稍有动作，皇帝居高临下，都看得清清楚楚。为了区别官员品阶，又在乌纱帽上装饰不同的花纹。

陈寅给将士们鼓劲道。

蒙古人攻城，陈寅亲自上阵指挥，击退蒙古人。“兄弟们，看到没有，蒙古兵没有想象的可怕，只要我们抓住他的弱点，一样可以战胜他。我们不要着急，等他靠近了，咱们再射箭，扔石头，砸木墩子，对于这些，他们只有挨砸的分。瞧见没，他们又退了。”陈寅冷静地指挥着，又热烈地鼓励着。

但徒有激励在蒙古人的战斗力面前产生不了任何作用，西和州很快就要成为蒙古人的囊中之物，陈寅跑回家，让他的老婆赶紧想办法逃走。他老婆大怒，声色俱厉：“哪有生前和你同享富贵，死亡来时而不共赴国难的道理？”说完就找出毒药，一口吞下，陈寅的两个儿子和儿媳也纷纷求死，并且得偿所愿。陈寅拔剑自杀。

蒙古人开进西和州，对西和州的反抗精神他们很反感，立即给予回报：屠城。

蒙古人正准备下一步对南宋的军事行动，成吉思汗在这一年七月突然去世，他们只好撤出五州。这是一次非决定性的对南宋的军事行动，它让南宋领教了蒙古人强大的战斗力，可惜，南宋接下来什么都没有做，反而对“收复”关外五州沾沾自喜。

向历史借智慧

再输不能输志气

从后来的情形看，南宋朝廷其实一直不缺打回北方的可能性，但是，内心的不坚定和内部的不团结，使他们错失了所有机会。春秋时代，越王勾践忍辱负重十年，才得以重振家国；现代，据说发明家爱迪生光试验电灯丝的材料，就试验了上千种。这些都是不怕失败、坚持不懈的例子。可惜南宋朝廷过于软弱，再输不能输志气这句话，对他们而言只是一句空话。

“忠义军”不忠义

“忠义军”是山东、河北地区起来反抗金国残酷统治的农民武装，因为以穿红袄为标志，又被称为“红袄军”。“红袄军”在金宣宗南下攻宋时，纷纷帮南宋朝廷打击金人，南宋朝廷惊喜地称他们为“忠义军”。但是，南宋朝廷见不得别人枪杆子硬，所以又对其进行防范和打击，“忠义军”只好在南宋、金国、蒙古之间不断变换主子，成了雇佣军。

公元1227年，“忠义军”中最大的一支李全部在青州投降蒙古。不久，李全回到楚州，为了得到南宋朝廷的工资补贴和粮食供应，他表面上还听从南宋朝廷，暗地里却为蒙古工作。

李全买了大量的禁运货物、紧缺物资，输入蒙古；他还毁坏南宋的军器库，破坏南宋的边防；他招兵买马，大批量制造舰船，妄图占有东南地区。绍定三年（1230年）八月，李全部队买麦子的船因不符合政策，在盐城被南宋官兵扣押。李全一听到消息，大叫机会来了，就悍然带领水陆几万人攻进了盐城。抢了盐城的

野史秘闻

史弥远差点儿误死

野史记载，李全大军气势汹汹地南下，一天，杭州城里到处谣传，说李全大军已经渡过长江，就要杀到杭州了，弄得史弥远半夜里睡不着，悄悄爬起来，走到自家游泳池边，就要跳水自杀；幸好他的一个宠妾也起来了，跟在后边，一看不对，跑出来拦住了他。几天后，听说李全被剿灭了，他才放下心。

盐货后，他决定留在盐城不走了。

南宋政府对他的这一行为感到莫名其妙，派人去问原因。李全说，盐城的盗贼横行，你们大宋政府把水深火热的百姓扔在那里不理会，所以他们要求我在这里维持秩序。南宋政府不敢撕破脸，给李全批示："李全你辛苦，捉拿盗贼有功，升你为两镇节度使，快去上任吧。"李全不是三岁孩子，又给朝廷递交了一份很具挑衅性的书信："我们人马众多，沿江一带的防务就交给我们得了，让那些大小官员把地方给咱们空出来。"

南宋朝廷大怒：朝廷看你无父无母，无依无靠，才收留了你，想不到你现在目中无君无上，无组织无纪律。你要是知难而退，朝廷会和你相安无事，以后见面还是兄弟，大家客客气气的；你如果不知趣，我们就要了你的狗命。

李全看到回复，不屑地一笑：来吧，我就等着这一天。看你有什么本事把我赶走？"命令全军将士，马上行动起来，向南进攻，目标：泰州。"

陆兵上马，水军张帆，浩浩荡荡，杀向泰州。朝廷军队一触即溃，李全军队很快就攻占了泰州。

庙堂真相

李全与杨妙真

李全是山东潍州（今潍坊）人，弓马娴熟，武艺超群，外号"李铁枪"。李全因母、兄被蒙古军杀害，便聚众数千人，在山东搞起一支极强的武装力量。他老婆名叫杨妙真，人美，善使一杆梨花枪，二人是老乡，跟他一起闹革命，两人可谓夫唱妇随的典型。

“下两个目标：通州（江苏南通）、扬州（江苏扬州）。听说扬州美女很多，咱们就去享受享受，哈哈。”李全小富不安，给了自己一个更大的奋斗目标。

但是，他的军队止步于通州与扬州城下。

李全的手下有明眼人：“大帅，形势不妙。自从过了新年，朝廷军队士气大增，可能是他们加发了年终奖，精神明显不一样，这几天咱们尽打败仗。”

李全略慌，跑到前线，他看见自己的士兵衣衫褴褛，有的还赤着脚。一个个没精打采的，武器扔在一边，相互倚靠着在休息。敌方已经开饭，气味飘过来，很香。

大宋政府太无耻了，仗可不是这样打的！

李全一面暴怒，一面已经在想如何全身而退。

他已经不能做到全身而退了，但能做到全尸而死。不久后，他想出奇兵“声东击西”，但被南宋野战军抢先了一步，在他的必经之路设下埋伏。李全的奇兵全军覆没，他自己也被乱军用枪刺死。他一死，他的部队立即作鸟兽散。在楚州一带的李全余部后来不是被朝廷剿灭，就是投降了金国。

向历史借智慧

留住员工的方法

留住员工、让他们死心塌地地为你工作，有两种方法，一是以精神使命相号召，二是尽可能给予丰厚的物质奖励。李全的失败是因为在这二者上面都没有优势了。有这样一个故事：老板手下最得力的一个下属被挖走了，原因是竞争对手为他提供了一套住房。老板愤愤地说：“不就一套住房嘛，我也可以给他提供啊！”有人当即指出：“那这个下属在您这里工作时，您怎么没给他提供住房呢？”

拖雷借道

成吉思汗的儿子都非常优秀，尤以小儿子拖雷拔尖。窝阔台继承汗位后，公元1231年夏天，他决定对金发动毁灭性的攻击。自从成吉思汗死后，蒙古人每年都对金实施军事打击，但一直只是在潼关至黄河一线转悠，一直没有越过这条线。

“怎么办？我们蒙古人有过这样的经历吗？”在五月的帝国国防会议上，窝阔台怒吼道。

拖雷指出，金国自迁都汴京（今开封）后，所依仗的只是黄河、潼关。“如果咱们从南宋借道四川，从四川境内的汉水顺流东下，再找个好地方渡过汉水，就可以顺利进入金国境内。”

但这计策等于没说，因为自1230年以来，蒙古人已经两次向南宋借道，南宋都不借。

拖雷一拳砸在桌上：“借也得借，不借也得借！”

窝阔台表示同意，决定出三路大军，攻击金国。

窝阔台亲率中路军，由碗子城（太行山之隘）南下渡河，由

庙堂真相

联蒙灭金

1232年，蒙古派使节来南宋商议一同攻伐金国的事情，此时，金国已行将就木，南宋大臣都兴奋异常，认为复仇的机会来了。淮东战区军政长官赵范提醒说：我们以前与金朝订立“海上之盟”，联金灭辽，起初也以为捡了便宜，最后却是引狼入室，小心啊！这其实还是真德秀远见的翻版，但南宋别无办法，大家都觉得还是先把金国解决了吧。

洛阳进攻；斡惕赤斤那颜领左路军，由济南进攻；右路军由拖雷率领，自凤翔渡渭水，过宝鸡，然后向宋借道，沿汉水而下，达唐、邓二州。大家约定，1232 年春天，在汴京城下喝酒，不见不散。

拖雷出宝鸡后，派遣使者到南宋请求借道。南宋政府仍然是之前的态度：不借。非但不借，南宋还将使者杀掉，把脑袋送还拖雷。拖雷大怒，把成吉思汗留给他的蒙古军队的精锐一万余人放到南宋防线上，如同天兵下凡，南宋军队闻风而逃。拖雷直下嘉陵江，渡江后，指挥人马把四川腹地搅了个天翻地覆，摧毁了不少城市，打残了无数地方，然后挥师北返，向汉水推进。

当年十一月下旬，拖雷到达金州，击散南宋军队后，向汉水行进，借道作战胜利在望。十二月下旬，拖雷渡过汉水，进入金国境内，借道作战结束。

开始，另外两路大军没有赶到。原因是窝阔台很嫉妒弟弟拖雷，几年前，成吉思汗死后，把精锐部队都给了拖雷，而且还让拖雷代大汗两年。窝阔台觉得弟弟对自己的汗位是个威胁，于是，当拖雷在南宋借道的时候，他与另外一路大军就“玩消失”了。

这对拖雷而言，无疑是晴天霹雳。但很快，他就调整自己，

社会风情

古代限购令

元世祖忽必烈曾禁止蒙古官员在原南宋统治区买房，原因一是从前朝继承了许多房产，可供分配、二是一些蒙古官员强买强卖，民怨四起。到明清时，政府禁止官员在工作地置办房产，违者重罚，并要开除公职。

继续前进。金大将合达以二十万大军在邓州西的禹山设下埋伏，准备把拖雷的四万人一网打尽。但士兵们无法完成合达的愿望。拖雷直奔邓州城，十二月，他以轻骑与金兵战于禹山，佯败诱敌，金兵则按兵不动。拖雷又举火夜行，直奔邓州城，合达急忙回兵救邓州。拖雷逃跑，合达紧追不舍。

南宋绍定五年（1232年）正月，金兵追拖雷到达钧州（今河南禹县），拖雷派精锐部队予以阻击，金兵被赶到了钧州南三峰山，遭蒙古军阻截。当时恰值天下大雪，金人被冻得面无人色。拖雷下令发动总攻。金国十五万大军被追奔数十里，血流成渠。这就是三峰山之战，拖雷以四万人把金军主力十五万全歼。

向历史借智慧

敌人的敌人可能仍是敌人

北宋的第一敌人是辽，后来金兴起，宋金联合逼死辽国，金就成了北宋最大的敌人。现在，在南宋和金的游戏中间，加进来一个蒙古，可惜这还是北宋当年的情形，而绝不是什么棒子打老虎、老虎吃鸡、鸡吃棒子的故事，处于食物链最底端的南宋，既吃不了鸡也打不了虎，始终是人家想吃就吃的一盘菜。敌人的敌人仍然是敌人，自己不强大，只能招辱，只能一直被人欺。

史弥远坟墓风波

史弥远死之前，还因为坟墓的事闹了一场风波。

史弥远当了几十年的宰相，独揽朝政多年，给南宋朝廷带来了一段黑暗的恐怖统治时期，很多人深受打击，很多人敢怒不敢言。到了晚年，史弥远开始害怕了，他担心死后遭人报复，就迷信起来，希望在家乡找到一块风水宝地来化解这一切。

风水大师找来找去，找到了阿育王寺的一块宝地。史弥远看后也觉得非常满意，便下令拆除阿育王寺，建造自己的墓地。这引起了阿育王寺里的和尚们的恐慌。

寺庙方丈立即召开常务会议，大家七嘴八舌，表示不满。但人家是宰相，一人之下万人之上，又能怎么办呢？只能怨自己点背了。和尚们争来争去，还是叹气摇头，无可奈何。

这时，一个叫师范的小和尚站了出来，说他有一个好办法能保护寺庙。

老和尚们一听，高兴得直念经，就让师范说出来听听。

庙堂真相

等一次亲政需要八年

宋理宗于 1225 年被史弥远推上龙椅，直到 1233 年才有机会亲自处理政事。这一等就是八年，苦！理宗亲政后，把二十六年来围绕在史弥远身边的“蟑螂”与“苍蝇”全部扫除，发誓要励精图治，积极改革，以国家繁荣富强为己任。

师范却故作神秘起来，引经据典地说道：“六祖说了：你如果悟了，秘密就在你的手里，之外没有别的秘密。马祖说了：最平常的就是最深刻的。怀海禅师说：最深刻的道理是无法用语言来表达的。”

老和尚们听得一愣，不好再问，只好同意师范前去试试。师范甩甩僧袍，大摇大摆地离开了寺庙，直接去了临安。

几天后，整个临安城轰动了。

史弥远还不知道怎么回事，但他的管家打听到了，回府报告了他：“相爷，大街上都在乱说，说您心怀叵测，想当皇帝。”

史弥远听完大怒。但他立即开动脑筋，这事可有可无，皇上可信可不信，还是小心为上。“带我出去看看。”还是眼见为实好，史弥远打定了主意。

史弥远不看还好，一看气歪了嘴。城门、大街、宫墙，到处都贴着相同的海报。海报很简短，五言四句诗一首，大意就是说，阿育王寺有天子之气，宰相看中了那块土地，强行征来做他的墓地，不知是何居心。

更让史弥远震惊的是，全城的老百姓竟然都相信这个说法，

庙堂真相

一门三宰相

史弥远的家族在南宋是著名的政治家族，祖孙三代都出了宰相。父亲史浩，中进士时已虚岁四十，家里穷得叮当响，1163 年当上宰相后，官声不错，为岳飞平反就是他的提议。史弥远少年得意，到他爸中进士的年龄时，他都快当上宰相了；从 1209 年起，他独相擅权二十多年，大哥地位无人可撼，中间还曾下手废了一个太子、立了一个皇帝；“功劳”之一，则是为秦桧平反，与他爸对着干。史弥远的侄子史嵩之，1240 年拜相，这位是个主战派加实干家。

都在纷纷传扬这首诗，说史弥远想篡位当皇帝。“这是哪跟哪啊？”史弥远觉得这帮愚民就是弱智。但政治就是这样，大愚若智，越是最愚蠢的越让人觉得是真的。史弥远想来想去觉得这件事不可小看。

这不是瞎起哄吗？这些人真应该统统关进大牢，受十八种大刑，然后见阎王，下地狱，让小鬼给油炸了。史弥远能控制皇帝，但对这些愚民，却无能为力，他悲哀地想：“我史弥远是这种人吗？我就是一书生！”

逛了一圈，史弥远了解了一点民情，心里很不好受。这些年我做事这么多，手段有时是残酷点，有时也是为了自己，但最终是为了谁啊？还不是为了大宋江山，为了天下黎民百姓，为什么大家都不明白我的苦心呢？唉，做一个好人，难呐。史弥远想来想去，心灵深受创伤，感到很累。

但他回家还没喘口气，皇帝就派人来请他进宫议事。从皇宫回来，史弥远才清楚地看到了那个海报的威力。皇上问他：“这是怎么回事啊？”史弥远说：“我也是刚听说，那都是瞎说，我的坟墓早就修好了，就在东钱湖大慈山。请皇上明察。”皇上说：

名臣风骨

宋朝白身元宰臣

杭州人叶李，字太白——从名和字可看出，叶家父母是李白的死忠粉。叶李从小就聪慧，性情耿直。二十岁入太学读书，也算前途无量，但是作为主战派，一直被投降派打压，直到南宋灭亡，什么官也没做上。宋亡后，叶李出仕元朝，六年间做到宰相，深得元世祖赏识。凡有军国大事，元世祖必先问：“有没有和叶秀才商量过？”叶李脚伤不能行，元世祖就用自己的车驾去接，极尽荣宠。虽为降臣，叶李却得到很多人的同情。

“丞相在哪修墓都没问题，但要注意影响。既然不是那么回事，我也能向大臣们、列祖列宗交代了。”史弥远说：“皇上英明，知道老臣的赤胆忠心。”史弥远就回来了。

从此，史弥远再也没提阿育王寺的事，一心一意在东钱湖大慈山造他的墓地。

绍定六年（1233年）十月，在大权独揽二十六年后，权臣史弥远病死。大臣死了一定要评价他的一生，给个谥号。理宗的大臣们讨论来讨论去，给了他一个“忠献”的谥号。这是好还是不好呢？表面上看，每个字都是顶呱呱。但我们想想，秦桧的谥号也是“忠献”，就会感觉到文人的诡计与刻薄。在受理宗重用的道学家们看来，史弥远就是一个跟秦桧一样的人。

向历史借智慧

好不好，看疗效

打蛇要打七寸，对付恶人，不能按常理出牌，史弥远再强大，也总有能治得了他的招数。造谣生事这种有些不入流的招数，一般士大夫想不出来，造谣如果没造到点子上，也不会有效果。二十多年来，史弥远在朝中为所欲为，反对者一点办法也没有；相比之下，师范和尚小小一招，不费成本，就阻止了这次阿育王寺强拆事件，让人不能不叹服小和尚的计谋高明。

蒙古灭金

三峰山之战后，金军精锐丧失殆尽，金国政权摇摇欲坠。南宋绍定五年（公元1232年）三月，蒙古军攻克洛阳，进逼汴京，金哀宗仓皇逃往蔡州。次年十月，蒙古军追到蔡州，包围该城。

蔡州城四面被围，炮声不断，金朝廷一日数惊，很有草木皆兵之势，而且粮食也越来越少。金哀宗完颜守绪突然想到南宋有粮，于是派使节到南宋要粮。使节依然保持金人的骄傲，南宋政府觉得这很可笑。使节立即放下骄傲，伤心地说："蒙古消灭了四十个国家，便轮到西夏。西夏一灭，又轮到我们金国。我国一旦灭亡，一定会轮到宋朝。唇亡齿寒，乃是自然之理。南宋如能与我联合，你好我也好。"南宋政府提醒金使，别胡思乱想，你们现在只剩下蔡州那个弹丸之地，我就是给你一个呼风唤雨撒豆成兵的神仙，也不能改变现状。你们这是报应，想当年，把我们北宋搞得人不像人鬼不像鬼，我们现在要报仇。

金哀宗得到南宋的答复后，先骂大宋无知，然后骂自己的祖

庙堂真相

三峰山之战

1232年，蒙金双方在今河南禹县的三峰山展开会战。当时，蒙军三万，深入金境；金军十五万，主场作战。结果似乎没有什么悬念了。但当时恰逢天降大雪，气候非常寒冷，蒙军烤火煮肉，轮番休息。金兵在南方生活时间长了，对这种天气已很不适应，被冻得半死。于是，蒙军翻盘，全歼了金军精锐，金国由此离覆灭又近了一步。

先没有远见。为了减少粮食的消耗，金哀宗下了一道命令，愿意出城的饥民和老弱可以出城，士兵不要阻拦。不愿意出城的饥民，发放一批船只，让他们自己去城外河边去捞些水草之类的充饥吧。

南宋绍定六年（公元1233年）十一月的一天，金哀宗听到外面放了几炮。有人过来报告说："宋人和蒙古人在会师。宋人带来了粮食，他们在联欢。"一边在联欢，一边有人饿死，金哀宗即使是神仙，内心也不免失落。

到了十二月，宋军和蒙古军加紧了攻势，一天进攻好几次，金兵誓死抵抗，但蒙古军还是从北面突破了外城，宋人和蒙古人从这个缺口大批涌入，开始四面围攻里城。炮每天轰隆隆响，金哀宗吃不下饭，睡不好觉，心情更加黯淡。

"我们金人刚兴起时，是多么有力量，灭大辽，打大宋，如摧枯拉朽一般，呼啦啦，从北到南，席卷了半个天下。可为什么到后来越来越弱了呢？太祖太宗时那种横刀立马、纵横驰骋的精神哪去了呢？现在被人赶得到处跑，远离祖祖辈辈生活的地方，躲到这陌生的潮湿炎热的南方来。何时是个尽头呢？为什么会成了这样呢？"

名臣风骨

社稷之臣耶律楚材

窝阔台即汗位时，耶律楚材依照中原王朝的传统，制定了仪礼，要求所有大臣都就班列拜，这与蒙古习俗很不同。耶律楚材从察合台入手做工作，对他说："大王是兄长，但也是臣下，所以应该下拜。您拜了，谁还敢不拜？"察合台听后以大局为重，俯首称臣，群臣皆效之。从此以后，耶律楚材日益受到窝阔台的重用，被其誉为"社稷之臣"。

金哀宗每天胡乱地想着，找不到答案。

“皇上，蔡州眼看是要守不住了。请皇上带兵突围吧。您只要出去了，大金国也就保住了。”宰相完颜仲德前来见金哀宗，提出了深思熟虑后的建议。他这时刚从城墙边回来，那里一炷香的时间以前进行了一场生死搏斗。蒙古人用炮在南面城墙上打了几个洞，差点闯进来，还好完颜仲德及时带兵赶到，又把蒙古人打了出去，现在四个城门还在金兵手里。金哀宗听着报告，心里乱得很，没有心情想逃跑的事。

完颜仲德继续劝说：“留得青山在，不怕没柴烧。只要皇上还在，登高一呼，大金国的人民就会赶过来，团结在您的周围，继续抗击蒙古人。而且现在双方短兵相接，比较混乱，还是有机会逃出去的。”

金哀宗还在想他是堂堂大金国皇帝，怎么能逃跑。但经不住完颜仲德的一再劝说，只好同意。晚上，完颜仲德亲自挑选了一批士兵，让金哀宗乔装打扮了一下，准备逃出城去。

天黑了，战斗进入了间歇，士兵互相依偎在一起休息。金哀宗一队人马朝东门方向摸去。到了城门边，跨过树立在门前的栅

社会风情

“黄金家族”

相传蒙古族有一个始祖母阿兰，与丈夫生有两个儿子，丈夫死后她又生了三个儿子。别人质问，阿兰就说后生的儿子是她与一个黄白色神仙的后代，是上天的儿子。这三个儿子的后人就被称为纯洁出身的蒙古人，即“黄金家族”。成吉思汗就属于其中的一支孛儿只斤氏，所以他的家族也被称为“黄金家族”，后来“黄金家族”也用来指能继承汗位的成吉思汗直系后代，再后来范围缩小为拖雷的直系后代。

栏，又过了门道，到了门口。

金哀宗等人先向外张望了一下，蒙古人正集合在一起，一堆一堆的，点着火饮酒唱歌跳舞，有些还在进行摔跤比赛，快活得不像在作战，像在过节。如此士兵，如此士气，就像当年的我们啊。金哀宗叹了口气，跟着士兵继续向前摸去。

“什么人？哇啦哇啦……”几个巡逻的蒙古兵发现了他们，大呼小叫地跑过来。金哀宗吓得腿直发抖，扔下士兵就往回跑。出逃没有成功。

已是1234年了，蔡州被围已经三个多月，城中的粮食完全没有了。金哀宗拉出自己心爱的马，杀了给士兵吃。看着士兵大口大口地吃，金哀宗心里好受了一点。

金哀宗知道离蔡州城破没几天了，就召集大臣、将领，发表最后的演说：“大金国一百多年了，今天却要在我手里完蛋，我对不起祖宗。”大臣们望着他，默不作声。

“自古以来，灭亡国家的国君不是成为阶下囚，就是挂个虚衔在敌人的朝廷上受辱。我决不这样做。”大臣们不知所措地点头。

第二天，金哀宗说要传位给守卫东门的元帅，仪式还没进行

庙堂真相

金人的报应

1233年，金哀宗放弃被蒙古人不厌其烦攻击的都城汴京，北渡黄河。汴京发生叛乱，蒙古人顺利进城，城里的一批亲王和宗室人员被杀，金朝后妃们被掳回蒙古老家。俘虏们的北上之路痛苦万状，比当年北宋徽宗与钦宗被金人押走时还要难堪。历史，在让人意想不到地慢慢重演。

到一半，有人进来报告说宋人打进了南门，武将们一下散开去组织抵抗了。没多久蒙古人就进了西城。

金哀宗见此，上吊死了。宰相完颜仲德投水殉国，继承人被乱兵杀死，金国彻底灭亡。南宋军队把俘虏的金人带到临安，轰动了全国，这些俘虏的下场极为简单：送到赵家的祖庙，活埋。南宋官方指出，这是孝道。

向历史借智慧

生于忧患，死于安乐

国家也跟人一样，日子过得太顺了，就得意忘形；眼前无忧，就不会去考虑将来有没有危险；又因为沉醉于安逸享乐的生活，而忘了继续进取。所以，历史上的王朝不断兴灭，都不能实现长治久安，过一定时间就会陷入危机。幸福，是所有人都向往的目标，但在得到幸福、享受幸福的时候，也要不忘进取，这样，幸福才能长久。

第五章　最后挣扎

端平入洛

金国一亡，蒙宋短兵相接。

宋蒙联合灭金只是权宜之计，所以在灭金后河南的归属问题上双方并没有做出明确规定。金亡后，蒙军北撤，河南成为政治真空。南宋以大将赵范、赵葵兄弟为代表的主战派请求趁机进军中原，他们的方略是：据关（潼关）、守河（黄河）、收复三京（西京洛阳、东京开封、南京归德）。

他们的策略一提出，反对声惊天动地。甚至连赵范的军政参谋丘岳都反对，他说："蒙古是个正在兴起的强敌，他们与我国订立盟约便守约撤退，其气势旺盛，兵锋锐利，岂肯丧失既得利益而拱手让给他人？我军如果挺进，他们定会猛扑过来，不仅会使我军进退失据，也会导致裂痕，引起战争。"知枢密院事乔行简更是忧心忡忡："我不担忧我军出师无功，而担忧大军一时成功而无法巩固。成功之后而不能巩固，其忧患将会无比深重。"然后话锋转到宋理宗的头上，"自古以来，英明的君王一定先治

野史秘闻

贾似道很小资

1234年，宋理宗的贵妃贾女士在枕席上推荐弟弟贾似道，宋理宗便任命小舅子为籍田令（皇家农田管理局局长）。贾似道的生活很小资，是妓院的常客，常晚上携带妓女到西湖游玩。宋理宗曾登高远望，发现西湖中灯火异常明亮，就信心十足地说："这必定是贾似道！"

好内部，而后才着手治理外部。”

宋理宗极不满意，更让他大为光火的是兵部尚书史嵩之和刚得理宗重用的真德秀、枢密副使吴渊、淮西总领（淮西战区长官）吴潜等多数大臣均持反对意见。

这些人一致认为，蒙古自与金开战以来，主要战场就在河南，蒙古军队的冷酷无情与摧毁一切的凶猛已经把河南变成地狱，一旦军队进入无法从当地得到补给，自己运粮费时费力得不偿失。另外，南宋军队的战斗力有限，在漫长的黄河防线上根本不具备防御能力。最后，有人胆战心惊地说，蒙古人很可能以此为借口正式向我大宋宣战。

宋理宗立即拿出亲政的魄力，斥退这些胆小鬼。端平元年（公元 1234 年）五月，宋理宗任命赵葵为主帅，全子才为先锋，赵范节制江淮军马以为策应，下诏进军河南。

宋理宗和主张收复三京的人都有共同的认识：蒙宋开战只是时间问题，现在正好趁蒙古灭金后北撤的机会，增加领土纵深，加大防御力度，河南收复完全可以延缓蒙古南下的步伐，为南宋强化秦岭到淮河一线的防御争取时间。

社会风情

文州之难

1236 年，蒙古军队进四川，在文州（今甘肃文县）遇到文州州长刘锐、通判（政务总监）赵汝向的有效抵抗。二人拒蒙古人一个月，当大势已去时，刘锐召集全家，喝毒酒而死。赵汝向被俘，蒙古人把他剁成小块，文州军民一同死难者达数万人。

但是，这个战略计划从一开始就注定要失败，当然全是因为那些胆小鬼的干扰。端平元年（1234 年）六月，四川制置使（四川战区临时总司令）赵彦呐对宋理宗要求他出兵配合的命令拒不执行，庐州知州（州长）全子才只好率淮西兵万余人在六月攻击南京归德府（商丘），很快就将其收复，七月上旬，进入汴梁。半月后，赵葵率兵五万由泗州抵达汴梁与全子才会合。其收复之迅速，令人惊叹。但实际上，他们收复的都是空废之城。按照当初的计划，全子才早应该向洛阳推进，可他在汴梁停留了半个月，原因就是，京湖方面在史嵩之授意下不供应粮饷。全子才不能空着肚子去打仗。粮食不能等，赵葵当机立断，命令大将徐敏子率一万三千人先行，另一员大将杨谊率一万五千人为接应，向洛阳推进。两军只带了五天的口粮就匆忙上阵了。

当年七月末，徐敏子第一个进入洛阳，可令他震惊的是，偌大一个洛阳城仅剩下三百余户。他无法接受这样的现实，更令他无法接受的是，蒙古人在南宋收复三京壮举的第二天，就与负责接应的杨谊在洛阳城东开战，杨谊全军覆没。蒙古军趁余威攻打洛阳，双方在洛阳城下大战，虽然不分胜负，但宋军失败已成必然，

社会风情

“六君子，三搭头”

史嵩之名声不好，人缘尤差，正好父亲去世，按礼应该辞职。但史嵩之不情愿，宋理宗也想挽留，于是夺情起用。此举几乎遭到所有人的反对，其中有几位太学生和官员——陈宜中、曾唯、黄镛、刘黻、陈宗、林则祖，激愤上书，表现最抢眼，时人称为“六君子”。“六君子”都因此升官，但在任上成绩平平，其中有几位后来还投降了元军。时人嘲讽：“开庆六君子，至元三搭头。”

因为没有粮草。八月初，洛阳城内的宋军在断粮四日的情况下被迫撤军。在蒙古军的追击下，宋军的撤退变成了溃退，几乎全军覆没。留守汴梁的赵葵、全子才看到战机已失，加上粮饷不继，悲愤地率军南归。其他地区的宋军也全线撤退，1234年是端平元年，所以此次事件被称为“端平入洛”。

“端平入洛”让南宋雪上加霜，数万精兵死于战火，南宋国力受到严重削弱。更重要的是，正如那些反对派所言，“端平入洛”使蒙古找到了进攻南宋的借口，1235年，蒙古人在西起川陕、东至淮河下游的数千里战线上同时对南宋发动进攻，南宋不得不宣布应战，宋蒙战争全面爆发。1241年，蒙军攻占南宋的大片土地，四川成为三大战场（另两个分别为京湖战场——今湖北和河南一带，两淮战场——今淮河流域一带）中遭蒙军蹂躏最严重的一个地区。

向历史借智慧

好干部应该这样做

南宋仅有的一点点野心和热血，都在内部的游移不定和互相扯皮上消耗得所剩无几，南宋的“北伐”常常虎头蛇尾、半途而废，皆是出于这一原因。这一次在对蒙问题上，南宋又悲剧重演。有人指出，一个好干部应该是在事前各抒己见、言无不尽，而一旦事情决定下来，所有人，不管是支持还是反对，都要放下成见，全心全意出计出力。只有这样，一个团队才能成功，一个国家才能形成统一而有效的力量。

宋理宗召妓

宋理宗对女色的要求很强烈，后宫的女人不能令他满足。这种喜好很快就让一脸忠诚的内侍董宋臣知道了，于是，董宋臣独辟蹊径，为宋理宗大解饥渴。

宝祐元年（公元1253年）元宵节，董宋臣把临安名妓唐安安叫进了皇宫。唐安安既是著名的妓女，容貌自然不同凡响。宋理宗如当年的商纣见到妲己一样，灵魂飞上了天。自此后，二人过上了幸福的生活，宋理宗一刻不见唐安安就魂不守舍。唐安安受到宋理宗这等客人的喜欢，富贵生活自然水到渠成，连她用的马桶都是金子制作的，擦脚布是绫罗，家中的奇珍异宝浩如繁星。

太常博士（礼仪博士）牟子才很恼火董宋臣的行为，揪住他的耳朵说："你小子不干好事，败坏了皇上三十年的修身道行。"董宋臣大喊冤枉，他指出：宋理宗表面上对"理学"很欢迎，实际上，他觉得理学的很多规定令人作呕。所以，这么多年来，皇上一直在嫖妓，只不过你牟子才现在才知道而已。

庙堂真相

蒙古国政局起伏

宋理宗所以能悠闲嫖妓，全是因为蒙古国政治生活屡起波澜：1241年，蒙古国第二任皇帝窝阔台去世，第六皇后乃马真主持国事；1246年，窝阔台的儿子贵由登基，两年后，去世；1251年，拖雷的儿子蒙哥登基，是为元宪宗。

牟子才向来以最大的恶意揣度皇帝，于是对皇帝的私生活大加指摘。宋理宗听了，表示悔改，但依然故我。于是，牟子才又给宋理宗献上了一幅《高力士脱靴图》。

董宋臣见牟子才不依不饶，也就不客气了，他明示宋理宗，牟子才在骂您呢。宋理宗只看出点皮毛，所以笑着说：“这个是在骂你，并不是在骂我呀。”董宋臣看图说话：“这家伙把皇上您比成唐明皇，阎妃娘娘比成杨太真，把臣比成高力士，他自己倒以李白自居，实在狂妄。”宋理宗又仔细看了看，有些不高兴，牟子才很快就在朝堂上消失了。

董宋臣对牟子才意图的解释很正确。宋理宗亲政时的确想要有所作为，并且对理学可以复兴国家深信不疑。亲政才一个月，他就把那些理学家重新召回朝廷，朝野之上理学之风如沙尘暴。而对于那些已故的理学大师，如程颢、程颐、朱熹等人，宋理宗都赐给谥号，把他们扔进孔庙。表面文章做完，宋理宗又深入实践，他常请理学大师来为他讲解理学经典，如此一来，理学一下子由“伪学”变成备受推崇的“正学”了。

不过，宋理宗把理学抬得这么高，是期望理学成为国家复兴

社会风情

风流天子

天子后宫常常号称粉黛三千，从这个意义来说，天下皇帝都是风流的，而被人们冠以“风流天子”的，往往是指这些当皇帝的守着后宫一群美女，还不满意，非要去市井红尘里惹点事出来。清人史梦兰有一首诗说：“宋史高标道学名，风流天子却多情。安安唐与师师李，尽得承恩入禁城。”唐安安与李师师，各自傍了一个皇帝，前者是宋理宗，后者是宋徽宗。

的工具，可理学家们让他大失所望。老理学家真德秀被请进宫，宋理宗把重臣们都组织起来，搞了个集体学习，可真老爷子一开口就是“存天理灭人欲”“修身齐家”，对后面的“治国平天下”，他只字不提。

这样的集体学习进行了很多次，理学家总绕着“修身”转圈。当时有戏子就在舞台上笑话这群“老迂腐”：什么大学中庸，不过是白吃了许多酒食。但宋理宗深知，这群家伙得罪不得，虽然可以不听他们的磨牙话，但还得养着他们。

宋理宗就是在这样沉闷的条件下，转而热烈欢迎女色的，左手理学，右手女色，两不耽误，这可能也是宋理宗得到后世良好评价的原因。

向历史借智慧

人性的才是最合理的

理宗可以说是一个两面派，口头上号召人们艰苦朴素，行动上却反着来。值得我们思考的是：理学的规定为什么不能被人真正接受？理学让人压抑欲望的理论怎么会刺激出更多的享乐？其实，法律也好，制度和学说也好，只有符合人性，才会被真正接受。人性的才是合理的。

上帝折鞭

公元1258年秋，蒙古大军四万人分三道入四川，相继占据剑门苦竹隘、长宁山城、蓬州运山城、阆州大获城、广安大良城等，第二年一月末迫近合州。大汗蒙哥春风得意，派出南宋降臣晋国宝到钓鱼城招降，当时的合州守将是王坚，他将这个叛国者当众砍了脑袋。

钓鱼城十分坚固。它建在钓鱼山上，三面环水，山势险要。城里有泉，不缺水；城里有田，不缺粮；有大批居民，不缺后勤补给和兵员。另外还有兼具责任心与能力的守城将军王坚。

蒙哥亲自督阵，在钓鱼城下摆开阵势，不过这一回，蒙古人的战斗力优势似乎发挥不出来，一连打了好多天，也没见成果。不久，蒙古东路军史天泽部也赶来助战。

从二月中旬一直打到四月下旬，蒙哥着急了，改变了进攻策略，他把进攻重点放在了钓鱼城的护国门上。二十四日夜，蒙军顺利地登上外城，与守城的宋军展开了激战。“前面不远就是宋军大

野史秘闻

贾似道立功

忽必烈意外撤军，成全了一个奸人，就是贾似道。贾似道以最高指挥官的身份带兵来援鄂州，但历来国舅都是不会打仗也不敢打仗的，贾也不例外。他一来，就派人去求和，许诺金钱财宝，双方谈好条件后蒙古军就北撤了。贾似道这下可欢了，隐瞒了许给蒙古人的好处，大肆宣扬自己击退不可一世的蒙古军的伟大战绩。宋理宗热泪盈眶，满朝文武载歌载舞，人人都以国家有贾似道而庆幸、激动。

营，我们马上就可以拿下钓鱼城，兄弟们，上！”攻进外城的是金国降将汪德臣，他心里正得意着，心想，“蒙古人打了这么久，就我带人最先爬上了外城城墙”。但激战到天快亮时，遇到了麻烦，天开始下起雨来了。蒙古人最怕南方的雨，刚攻打钓鱼城时，碰到了十几天的雷雨天气，他们就在营帐里休息了十几天。让蒙古人停止战斗是件痛苦的事。他们越休息越无聊，就咒骂这天气。不久还有些人得了病。现在，好像蒙哥也有些打摆子、拉肚子。

结果，蒙军被迫撤退。

蒙哥有些焦急了。五十多年来，蒙古铁骑在亚欧大陆如秋风扫落叶一般所向披靡。蒙哥大汗入四川以来，沿途所经各山城寨堡，多因有南宋守将投降而轻易得手，想不到在这个钓鱼城下，蒙哥却受到了阻碍。

一个所向无敌的人，一旦遇到强大的对手，总会有一点点不甘和兴奋。蒙哥此时就犯了这个毛病。

他亲自出马，指挥攻城，宋军中有个炮手，看到蒙哥在那里张牙舞爪，就对着他轰了一炮。这一炮把蒙哥从马上震了下来，蒙军急忙撤退。蒙哥虽然没有死，但从此患上了神经衰弱。汪德

社会风情

贾似道搜罗古董

贾似道除了斗蟋蟀，也玩古董，他手下有几个高级知识分子，都是古玩、字画鉴赏等方面的名家，专门帮他搜罗奇玩珍宝。大臣余玠死后，家人以玉带殉葬，贾似道派人掘坟取出来。官员刘震孙有好东西不献给贾似道，被罢职。贾似道的好东西多以类似方式得来，并建了一个私人博物馆——多宝阁。

臣怒火中烧，他骑马来到城下，喊了几句，刚说出招降几个字，城里就投下了无数石块，打得他连连躲避，但还是头部中招受了重伤。他退后了几步，还想喊话，城上又抛下来一些东西。原来是三十多斤重的一条大鱼和无数的面饼，据保守估计，大概有百多张。他还没数完，嗖的射下来一支箭，箭上系着一封信。他取下箭，打开信，一读，里面说：你主子被大炮打得神经衰弱，把鱼煎了和着面饼吃可以治疗这种病。另外，你也看到了，我们粮食充足，士气高昂，再打十年也不怕。

煎鱼加面饼治疗神经衰弱，闻所未闻。蒙哥见到这药方后，以小人之心度君子之腹，认为是王坚在嘲笑他，又羞又急。有人给他熄火："大汗，钓鱼城太坚固了，花太多时间和精力在这儿，对攻宋计划很不利啊。而且云南的军队已通过广西，到了潭州，忽必烈王爷也到了鄂州。绕过这儿，我们三军就能快速会师，直捣临安。"

蒙哥被搞得脾气全无，退兵到汤峡时，居然死掉了。消息传到当时正率东路军突破长江天险，包围鄂州（今湖北武昌）的忽必烈那里，为了赶回去争夺汗位，忽必烈匆匆撤军北返……南宋

庙堂真相

把王安石赶出孔庙

南宋人总结历史教训，把北宋灭亡的责任都推给王安石。从皇室到知识分子，多持此论。宋理宗视察太学，在孔庙里看到王安石的塑像，大怒："王安石说天变不足畏，祖宗不足法，人言不足恤。这三句话可以看出，此乃万世罪人，怎么还让他配享孔子庙呢？"当即下令国子监，把王安石赶出孔庙。

王朝奇迹般地复活。

钓鱼城让蒙古军队受到了前所未有的重创，这在饱受蒙古军队蹂躏的西方人看来是不可能的事。他们把钓鱼城称为“上帝折鞭之处”——蒙古人擅长骑马作战，现在马鞭在钓鱼城折断了，也就只能另想办法去征服南宋了。

向历史借智慧

凡事都要尽心尽力

我们常说：“成事在天，谋事在人。”其实就是说在面对困难时，要努力，不抛弃、不放弃；至于结果是不是能如人所愿，没人不知道，所以也先别去想它，只要努力去做，尽心尽力了，即使是坏结果，也无怨无悔，但说不定就会有一个好结果呢。蒙古军所向披靡，却在钓鱼城受挫，蒙哥大汗还命丧于此，这当然不是天意，而是要归功于钓鱼城守军们的艰苦战斗。

“李璮之变”

南宋景定三年（公元1262年）二月，蒙古国那边发生了“李璮之变”。

我们清楚地记得，李璮的老爹李全就是被宋人杀害的，他的母亲就是那位善使梨花枪的美女杨妙真。父亲死后，李璮就被蒙古人认定为自己人，封他为世侯，忽必烈即位之初，让他管理山东东部益都一带。几年后，李璮的雇佣军心理开始作怪，决定反叛蒙古。

选择在1262年这个时间造反，是因为忽必烈刚从漠北战场上回来，身心疲惫，李璮自认可以趁此先发制人。很快，他占领了济南。忽必烈立即下令征讨，并且将他与各地的交通线全部切断。

但李璮充满信心。他坐镇济南，加强防备，等待北方各地投降蒙古的汉人世侯们响应。

这天，情报人员传来消息，说太原路那边有些响应。太好了，下面可就是黄河南北了。李璮听了后很高兴，不停地看地图。地

社会风情

汉人世侯

蒙古国时期，出于对金作战和巩固北方统治的需要，在北方原金朝统治区，蒙古统治者任命地方武装头目为军政长官，在向蒙古统治者履行纳质、贡赋、从征等义务的条件下，军政长官有一定的自治权，并世袭其职，名为汉军万户，史称世侯。世侯的设置有利于弥补蒙古在新占领地区政治军事力量的不足，但世侯权力过大，对蒙古的长远统治是不利的，忽必烈即位后逐渐将其废除。

图上，密密麻麻地标着他平时联系的，对蒙古朝廷发过牢骚、有过不满、对他说过只要他先起来就跟着响应的北方各地汉人。

“河北那边有什么情况？”李璮问了一句。情报人员说朝廷派了重兵过去。自己的儿子在那，李璮心里有些担心，但很快就想通：没事的，等各地纷纷起来响应，压力就会减轻。

情报还提了一下宋人的消息，被李璮打断了：“让宋人滚一边去！”

就在李璮等待的两个月里，蒙古已镇压了几个起来响应的世侯，纠集重兵来到了山东。当年四月，已有十七路人马推进到济南城下，包围济南。蒙古军队没有急于攻城，而是挖起深沟，树起栅栏，准备进行长期围困。五月，他们又在围城工事基础上修筑了一道环城工事，济南守军成了瓮中之鳖。

李璮丈二和尚摸不着头脑，他一直以为那些世侯对蒙古人很有意见，如果他一马当先反叛，肯定是一呼百应。他不知道的是，世侯的确响应了他，但在太原路、河北一带的世侯很快就被蒙古人镇压了下去。现在外面想把他变成木乃伊的人就是蒙古人封的世侯史天泽，一年前，忽必烈让他担任右丞相。

社会风情

不降则走

有官员洪某，南宋末年在京口做郡守，正是元军南下的前夕，洪某为安定民心，在境内到处刷上自撰的标语：“家在临安，职守京口。北骑若来，有死不走。”口号喊得很好，但是可惜，元军一来，他就举郡投隆了。于是有人把他之前的标语改了最后一句“不降则走”。

“这个老泥鳅！”李璮一听，气不打一处来。“这个老滑头，前几年通信都说受不了蒙古人的歧视，要起兵，还拍着胸脯说要和我结盟，现在却与我作对。”李璮在心里恨恨地骂着，“我还奇怪蒙古人一向只会进攻，怎么会想到围困我，原来是这个家伙出的好主意。”

李璮咬咬牙，拳头捏得紧紧的，思考着怎么应对。

现在丧失了先机，其他人是没指望了，不知宋人可有什么行动。于是，他问道：“宋人那边有什么消息？”

情报人员汇报：“五月前，宋人出兵淮河中段，五月时打到了徐州一带。但最近听说被张柔将军的儿子领兵击退。”

“张柔这个老糊涂，每次通信都说什么忠义，现在倒对蒙古人忠义起来了。不帮我也就算了，还拆我的台。”

“这几天，前方侦察人员传来消息，说有宋兵从海路往滨州方向攻过来，可能是支援咱们的。”这是个好消息。李璮一听，觉得轻松了一点。但这样的好消息一闪即灭，海路宋军到六月初就被蒙古军队击退。现在就剩下了济南孤城。济南被重重包围，士气渐渐低落，稀稀拉拉地开始有人投降。

野史秘闻

度宗皇帝荒淫

度宗是因为宋理宗没有子嗣，才意外当上皇帝的，本身就无才无德，即位后，更是耽于酒色。按照习惯，皇帝宠幸了某个妃子，第二天早上，妃子要去后宫管理处谢恩，请管事的官员登记在案。到了度宗这里，出现了奇景：最多的那一天，来谢恩的妃子达到三十多人！度宗当了十年皇帝，去世时年仅三十五岁。

“得赶紧想办法。”李璮这时候急得像热锅上的蚂蚁，团团转，但他的头也像被围困了一样，想不到什么好办法。

“城中的妇女都赏给将士，任你们享用。”李璮想起了他的贼匪老爹李全，下了一道土匪命令。但很快，吃的又快没了，有女人又有什么用？只能增加负担。还是赶快投降吧，蒙古人现在对汉人还不错。于是到七月的时候，越来越多的人逃出济南，向蒙古军队投降。

李璮一看大势已去，杀死爱妾，自投大明湖，谁知水浅，没淹死，被俘虏了。

史天泽抓住李璮，没怎么审问就杀了。回到燕京，主动向忽必烈上奏章，说汉人世侯权力太大，请从他开始卸除兵权。

忽必烈也看到了这一点。但当时汗位争端还没有完全解决，过分追究与李璮联系过的北方世侯，不利于中原的稳定。于是，忽必烈利用汉人世侯害怕朝廷深入追究的心理，一个个剥夺了他们的权力，在地方实行兵民分治。从此，忽必烈把中原各地的权力都集中到了朝廷，加强了中央权威。

向历史借智慧

如何让生意不亏本

一位成功的老板曾经说：做生意，最忌讳的是把生意好不好寄希望于别人或者意外因素，比如寄希望于经销商拼命地为你的产品做推广，把一般能卖一千件的商品卖出去五千件；或者寄希望于圣诞节、春节之类的节日，消费者一高兴就购买了平常五倍的产品……但如果经销商并没那么得力呢，节日促销并不如想象的火爆呢？

不确定的因素，是不应该计入成功概率中的。

“周公”好辞职

景定五年（公元1264年）十月，理宗去世了，度宗赵禥继了位。

度宗年轻，不知国事为何物，所以，只好依靠贾似道处理国事。一日不见贾似道，就惶恐不安。贾似道目光如炬，度宗一上台，他就开始玩儿隐退，玩儿辞职。如同演习一样，他一要走，度宗就挽留。这样的推让给南宋政府没有带来任何好处，只是让贾似道手中的权力魔杖越变越粗。

1265年，贾似道如法炮制，辞职了。但他又出一奇招：叫人告诉度宗，蒙古人打过来了。

度宗魂飞魄散，急忙命人去请贾似道入朝议事。

诏书送给了贾似道。送诏书的回来说，贾相爷腹泻，不能前来。度宗急得原地打转，谢太后看到度宗这个样子，不能见死不救，就叹口气，写封信，让人马上给贾似道送了过去。贾似道一看信上写得很清楚。谢太后太了解他了，他很满意，皇上身边就该有个这样的“翻译”，于是，来到朝堂。

庙堂真相

“蟋蟀宰相”

1270年，当蒙古国宰相廉希宪为忽必烈运筹帷幄时，南宋宰相贾似道正在西湖边的别墅里纵欲淫乐。贾平时很喜欢斗蟋蟀，一天，他和姬妾们又围在一起玩，有人开玩笑说：“陪老爷斗蟋蟀就是军国大事啊！”从此，贾似道就有了个绰号——“蟋蟀宰相”。

贾似道到了以后，还是装模作样地说身体不行，不能为朝廷尽忠了。度宗拉住贾似道的衣袖，一个劲儿地恳求贾似道别抛弃自己去享福，说着说着，还跪了下去。

一位大臣一看，觉得实在太不像话了，就走上前去，拉起度宗，说道："皇上，自古以来没有皇帝给臣子下跪的。您快起来。"一边劝贾似道见好就收，别再逼皇帝了。

贾似道赶紧伸出一只手，帮忙把度宗扶上了御座，对大臣说道："谢谢你，要不是你，我就要成千古罪人了，受尽世人的唾骂。"

其实，只有度宗不知道，贾似道是嫌官小。他现在是丞相加太师，在朝廷不是一把手，也是一把手之一了。但他觉得太师不过是一个只有虚衔而没有实职的荣誉官，丞相也只是宰相中的一个，不是唯一。贾似道想把所有权力都弄到自己手里来。

贾似道的一个手下看出来了，他提醒了一下度宗。度宗二话没说，马上就封了贾似道一个独一无二的官——平章军国重事，那意思是说，朝中的一切军政大权都交给贾相爷您了，一切您看着办就行。

度宗也不再叫贾似道相爷了，改叫"师相"。而大臣们干脆

社会风情

"三分天下二分亡"

贾似道当政，南宋国势不振，内忧外困，民心浮动，举国皆恼，任何政令都有人讽刺。政府要求丈量田亩，有人做诗嘲讽："三分天下二分亡，犹把山川寸寸量。纵使一丘添一亩，也应不似旧封疆。"禁止杭州女性饰珠翠，女性便以琉璃代之，传出民谣："满头都是假，无处不琉璃。"假，贾也；琉璃，流离。贾似道常住西湖边的葛岭，人们讽喻说："朝中无宰相，湖上有平章。"

直接叫他“周公”。

但贾似道似乎还不满足。过了一年，他又提出辞职，说自己年龄太大，上下朝不方便。度宗流着泪恳求贾似道不要走，当场答应贾似道可以六天来朝廷办公一次，上朝也不必和百官一起叩拜，在旁边坐着就行。

后来，度宗又赐给贾似道恩典，说“师相”可以十天来上班一次。还在西湖边的葛岭给贾似道修建了别墅，让他可以养尊处优，颐养身心，再多为国操劳几年。

这样，贾似道每天可以不去上朝，高兴时，就从西湖划船顺便去看看。后来，干脆安排专人把朝廷奏章、所要处理的大事都抱到葛岭别墅，让他一边安养，一边工作。其实，他根本就不看那些，直接叫手下人去办理，重大的事通报他一声就行。

他大部分时间都在西湖上划船游玩，怀抱娇妻美妾，耳听高山流水，眼看白云悠悠，品尝着美酒佳肴。贾似道还特别喜欢斗蟋蟀，很有心得，并著有专著，是一位学者型官僚。

对于蒙古军队的不断进攻，贾似道懒得去管。为了不让度宗知道，他就扣下了这方面的所有奏章、朝报，对度宗封锁了所有

社会风情

“既是忠臣，为何投降”

范文虎是南宋名将，后投降元军。家宴，请了人来表演节目，节目是：某寺有座钟，听人说钟楼有神，主持的僧人便去查看，钟神见了，当即跪地投拜。僧人问：“你是什么神？”答：“钟神。”僧人说：“你既然是钟神，怎么见了人还跪地投拜？”——钟神，谐音“忠臣”，讽刺范文虎。忠臣为什么还投降，这个问题元世祖也问过范文虎，范文虎回答：“贾似道专权，优礼文士，看不起武官。所以我等早就有不满了！”

消息。襄、樊两城被围困好几年了，度宗一点都不知道。

一次，贾似道心血来潮来到朝廷，度宗就问他："听说襄阳、樊城被蒙古兵围了好几年了，师相可有办法解救？"

"啊？"贾似道装出极端惊讶的样子，说道："哪有这回事？蒙古兵早就被我们打退了，边境和平安宁得很。皇上从哪听来的这类胡说八道的话？"

"哦，没有我就放心了。刚才来上朝，几个宫女在瞎议论。原来没有这么回事，那我就放心了。"度宗看见贾似道的样子，心里开始不安。不过还好，这次"师相"没有提出"辞职"。

贾似道一下朝就让人通过宫廷内线去查透露消息的宫女，一会儿就查到了。他找了个借口把宫女杀了。

从此，度宗再也没有听到任何前线的消息了。

向历史借智慧

鸡蛋和篮子的理论

老百姓有一句经验之谈："不要把所有鸡蛋都放在同一个篮子里。"话俗理不俗，鸡蛋都放在一个篮子里，篮子要是摔了鸡蛋就都破了，篮子要丢了鸡蛋就全没了，这是大忌。这话体现在用人理论上，就是别把全部希望都押在一个人身上，朝中还有其他大将呢；作为领导也别只听信一个人的意见，其他人的意见可能才是真实的或准确的呢；更何况，度宗皇帝唯一指望的贾似道，连"篮子"的基本功能都不具备，"鸡蛋"放在他这里，还不全被偷煮了吃掉？

襄樊之战

公元1272年，襄阳、樊城已被围四年。这四年时间里，忽必烈正在开拓漠北战场和奠定开国基调，并没有对南宋做最后一战。当年三月，忽必烈下令结束襄樊围困战。于是，樊城外的蒙古军对樊城发起猛攻，迅速占领外城，把南宋军队赶进了内城。元军在内城外围修建堡垒，缩小包围圈，形势恶化。1272年年末，元军决定先打樊城后攻襄阳。第二年正月，元军对樊城发起了总攻。

要解决掉樊城，就得先切断它跟襄阳的联系，也就是说，要先解决掉汉水上的浮桥。元军决定总攻就先从这里开始。

南宋的浮桥架在汉水上，连接襄阳与樊城。原来两城都派有士兵防守，现在樊城的外城被元军拿下，樊城的士兵过不去，守备的力量就减弱了一大半。浮桥是在汉水里树立木桩，再用铁链连起来，在木桩上铺木板建成。只要铁链、木桩一断，一把火就可烧掉浮桥。襄阳有一批船只放在汉水边，由于受到元军的围困，船只基本没派上用场。但元军考虑到攻浮桥、樊城时，襄阳那边

廟堂真相

宰相不知亡国恨

1264年，蒙古国迁都燕京（今北京），称中都；1271年，改国号为“大元”；1272年，改中都（北京）为大都，今天北京有元大都遗址公园。从1268年开始，蒙古大军开始了对襄阳达五年之久的围困，南宋亡国就在眼前，宰相贾似道却不以为意，闭着眼睛只顾享乐。

有可能用这批船只来与他们争夺浮桥，支援樊城，所以就在毁桥的同时，把这批船只也付之一炬了。

头脑清晰的元军派出了三队精干的士兵出击：一队是全军最好的水手，由他们挑选全军最锋利的斧头、锯子，潜水到浮桥下，用斧头断铁链，锯子锯木桩，把桥先给毁了；二队负责烧桥、烧船。铁链、木桩一断，他们就马上行动；三队负责掩护，准备充足的弓箭，忽必烈又从北京运了回回炮和重达五十斤的炮弹。

宋军耳目失灵，所以，当樊城守将范天顺发现浮桥被毁，正要有所作为时，元军已发动了全面进攻。

只见汉水上，密密麻麻布满船只，几艘大船上摆着几尊炮，随时准备攻击襄阳出来的援兵。靠近樊城这边，元军竖着梯子，正在登城，与守城的南宋将士争夺城楼。

范天顺还没来得及走过去指挥，就听见西南面炮声不断，这是射程远、威力大的回回炮，他已经领教过几回了。

“那边要出危险。”范天顺赶紧跑过去，还没到，就听到轰隆隆几声，城墙角楼倒塌了，又轰隆隆几声，城墙薄弱处被打穿了几个洞。他两步并作一步，赶到时，元军已从缺口处拥了进来。

野史秘闻

“草帽都戴不平，何以平天下”

元世祖时，学者胡长儒去见忽必烈，心里有点慌，草帽戴得有点歪。忽必烈问：“学了些什么东西？”胡长儒答：“都是治国平天下的。”忽必烈说：“自家草帽都戴不平，还怎么平天下呢！”类似的还有个故事，就是大家耳熟能详的“一屋不扫，何以扫天下”。

他二话没说，大喝一声，几队士兵就跟着他跑了过去，抽出武器与元军近身肉搏。

但元军越涌越多，南宋的将士们又好久没吃上一顿好饭了，体力渐渐不支，一边抵挡，一边后撤。

范天顺撤到一所堡垒，还没来得及喘口气，东北面的将领找了过来。

范天顺一边大口地喘气，一边着急地问东北城墙的防守情况。情况当然很糟糕，但让他感到一丝宽慰的是，阵地还在手里。不过已经有人对战争感到厌倦，主张投降。

范天顺对投降派说："你们去吧。我是全城主将，怎么能临阵投降？我生是大宋的臣子，死是大宋的鬼。"说完，让那些人自行择良木而栖去，自己拿出绳索，悬梁自尽了。

范天顺只顾着殉国，死前没有告诉士兵放下武器，所以，蒙古人进城后，人类历史上最惨烈的巷战开始。另一个守将牛富带领一百多人，逐屋逐屋地抵抗，牙齿和指甲都成了武器，

很多人临死时还卡住敌人的喉咙，蒙古人打扫战场时因为分不开那些缠在一起的尸体，而只好动用刀斧。樊城的小巷里尸横

社会风情

晚死了四年

夏贵，南宋末期名将，他多次请求退休，但是皇帝不准，结果1276年，南宋军队全面溃退，夏贵率军投了元朝。这一年，夏贵八十岁，三年后死去。有人写诗讽刺："自古谁无死，惜公迟四年。问公今日死，何似四年前。"又有人吊其墓，说："享年八十三，而不七十九。呜呼夏相公，万代名不朽。"

满地，血流成渠，牛富最终见大势已去，又不肯投降，就跳进火海。他的副将王福见状流泪道：“将军为国捐躯，我怎么还好意思活着？”也跟着跳了进去。蒙古人平定樊城后，就调转炮口打襄阳，襄阳陷落进入倒计时阶段。没有了樊城的襄阳，只剩一条路：投降。襄阳城主将吕文焕原本要与城池共存亡，但当蒙古人的火炮一发，几发炮弹把襄阳城砸开几个大洞时，吕文焕黯然失色，举旗投降。南宋失去襄、樊两城后，没有了屏障，临安就像断了门闩的大院，元军轻轻一踹，就可以踢开临安的大门，直入厅堂。

向历史借智慧

生活就是一个麻烦接着另一个麻烦

南宋的历史，就要接近尾声了。这一路上，南宋踉跄而行，往往一个麻烦还没解决好，另一个麻烦就跟着来了。其实，人的一生也是如此，一个麻烦后面跟着的是另一个麻烦，就好像是在和麻烦进行比赛，一个人只有比麻烦跑得更快，才能过得从容，才能收获喜悦。音乐家贝多芬也曾说：“我要扼住命运的咽喉！”到底是人扼住命运的咽喉，还是命运扼住人的咽喉，就看你是不是够坚强了。

贾似道出征

1274 年是碌碌无为的宋度宗在世的最后一年，年末，元军攻陷鄂州，直向首都临安（今杭州）扑来。消息传到临安，南宋朝廷炸窝。朝臣无能，但书生有识。国立大学三个班级的学生上书，认为贾似道可以救苦救难。谢太后看着怀里一个劲儿哭的小皇帝（宋恭帝），请求贾似道出征，希望他能化腐朽为神奇。贾似道不同意，因为他自身就很腐朽。群臣对着他号啕大哭，哭得他心碎，他只好答应出征。贾似道先是在临安组建了司令部，下令从各地抽调精兵十三万，准备和他一同拯救大宋。

“先给我搞点钱来花花，把这个年过去。”贾似道上任第一天，就规划起出征来。“你，拿着这个条去国库领黄金十万两、白银五十万两、铜钱一千万贯。你，去各位王侯大臣那里要点捐助。你，去什么僧道、打鱼的、贩货的那里收点租税。要打大仗，国家缺饷，让他们多支援支援国家。”贾似道把一切安排得井井有条，一连想起了几件事，派出了几个人。

野史秘闻

打仗要学曹彬

1274 年，史天泽、伯颜率军南侵，忽必烈给他们训话：“自古以来，最善于攻取江南的，只有曹彬，你们要向曹彬学习，不乱屠杀，打江南就会容易多了！”曹彬是北宋初年的名将，宋太祖派他打南唐，在即将攻陷南唐时，曹彬装病，不肯再打了，直到手下将领答应他入城后不滥杀，他才下令攻城。

1275年，贾似道点齐人马，扬帆出发。

上千艘的船只立即密密麻麻布满了江面。船与船相连，开出了一百多里。船里载着金银、布匹、兵器、粮草，吃水很深。除这些之外，还可听到女人莺莺燕燕的声音，混合在桨声、水声、风声里。

走了一阵，贾似道见两岸的风景有一段时间没变化了，就出舱问道："船怎么不走了？"

调度的过来解释道："这一块是拦河坝，水浅，宰相乘坐的船太大，过不去。"

贾似道心里有点烦躁，这不是要耽误他建功立业吗，立刻命令人："拖！"

调度的又为难地解释："船太大，拖的话需要上千人，一时不好找，找来还得管理，会耽误很长一段时间。"他建议换上小一点的船，这样就可以快速通过这里。

"那还不赶紧调船过来？"贾似道见调度的说得头头是道，很赞同，但奇怪他为什么一直没行动。"就知道级级汇报，层层请示，这都什么时候了，还这么官僚作风，形式主义。"贾似道最讨厌

社会风情

节义成双

1275年，池州（安徽贵池）守将赵昴发在城池将陷时，让妻子逃跑，妻子拒不执行命令，说："你是朝廷命官，我是朝廷命妇，你是忠臣，我难道就不能当忠臣的贞妇吗？请让我先死吧。"赵昴发阻止了她，不是阻止她死，而是阻止她这么早死。城破后，赵昴发在茶几上写道："国不可背，城不可降；夫妻同死，节义成双！"然后与老婆双双上吊。

这套了。“做事要有积极性，不能等、靠、要，让上级来为你拿主意。好像什么事都要我来操心，唉，真是没救了。”贾似道心里一阵恼火。

于是，船又出发。到了淮西，淮西长官夏贵上船来问候。夏贵暗示贾似道让仆人、侍妾退下，神秘地说道：“周公，我最近得了个好东西，给您瞧瞧。”边说边从袖子中抽出了一张纸，恭敬地递给了贾似道。贾似道一看，纸张蜡黄蜡黄的，有一定年代了，上面写了些乱七八糟看不明白的东西，正中几个字却很分明：宋历三百二十年。贾似道沉思起来。

“周公，自太祖皇帝立国，到今天可有三百一十五年了。”夏贵点破了机密，贾似道不住点头。过了一阵子，他说道：“来，今天咱们不说军国大事，就喝喝酒。”于是，两人推杯换盏起来。

大宋国运就剩下五年的时间了，看来是不能打了。那就还是老办法，议和。贾似道找来心腹，让他带上议和条件和一堆礼物去见大元的江州知府。没几天，心腹回来了，说元军统帅伯颜拒绝议和，因为贾似道曾经说话不算话。

贾似道大怒，因为伯颜说的是事实——1259 年，忽必烈围困

野史秘闻

贾似道身世

贾似道的母亲胡氏，钱塘人。贾涉经过钱塘，偶遇胡氏，一眼就看上了，半真半假地问她：“你愿意跟着我吗？”胡氏回答：“我已有丈夫，有夫之人，哪有自由？等我丈夫回来了，你自己跟他说去吧。”嘿！这一男一女真是确认过眼神。等胡氏丈夫回来，贾涉一问，“欣然卖与”——这位丈夫很高兴就把胡氏给卖了！胡氏做了贾涉小妾，经常被大老婆欺负，后来生下一个儿子，就是贾似道。

鄂州，当时贾似道许诺了很多好处，忽必烈才撤兵。但问题是，贾似道许下的和议条件，连跟朝廷都不曾商量过，贾只顾着在全国民众面前吹嘘自己击退蒙古军队的功绩，哪里还把这事当真。直到第二年，忽必烈派使臣来南宋索要好处，贾似道担心自己的牛皮被戳破，把使臣软禁起来了。

这下，贾似道黔驴技穷，准备在水上和元军“躲猫猫”，可当他把舰队开到距扬州不远的丁家洲时，与伯颜军迎头相撞，双方开战。元军统帅根本就没有把他放在眼里，伯颜调来大炮，一顿猛轰，然后命令将士全力冲击。南宋水陆两路兵马抵挡不住，纷纷溃逃。贾似道一看形势紧急，急忙换上小船，逃往扬州。

接着，各地将领逃跑的逃跑，投降的投降，临安这时是直接暴露在元军面前了。

向历史借智慧

看不破与放不下

贾似道虽然权倾一时，但毕竟是靠裙带关系混上来的，只有小聪明，没有大智慧。他既不懂得“皮之不存，毛将焉附”的道理，借自己的权力多做点实事，让国家多存活一些年头，自己的好日子也可长久一些；也不懂得早点为自己留下后路，还以为只要皇帝不倒，他的幸福生活就能继续，所以还在没心没肺地享乐着。既看不破，又放不下，这样的人，离最后的灾难也就不远了。

郑虎臣谋杀贾似道

元军就要打过来了，临安危在旦夕，南宋朝廷还在那起劲儿地缺席审判贾似道——公元1275年，贾似道出征大败后被免职，只有他自己希望这是终点，但大臣们都希望再送他一程，纷纷上奏折，要求朝廷惩处贾似道。

第一个跳出来的是嗅觉灵敏、刚担任宰相的陈宜中。陈宜中是靠谄媚贾似道爬上来的，现在，墙倒众人推，他觉得自己必须要站出来。如果当初是靠巴结贾似道而得到荣华，那么现在完全可以靠攻击贾似道得到富贵。他对太后说："贾似道向来吹嘘只有他能抵抗元国，现在一败涂地，请太后严惩。"

谢太后开始没有同意，但经不住陈宜中等人强烈要求严惩，只好说道："贾相是三朝老臣，劳苦功高，这次虽然失败，朝廷也不能全然不念旧情。这样吧，罢免了他的职务，给他一点小小的惩罚，表明一下朝廷态度。"

但谢太后发现，这罢免诏书一下，就像推翻了多米诺骨牌，

庙堂真相

南宋喘息路线图

贾似道之死，就敲响了南宋朝廷丧钟的第一声。1276年，元军攻入杭州，俘获宋恭帝和太皇太后谢女士、皇太后全女士。大臣陆秀夫、张世杰在福州拥益王赵昰为帝，是为宋端宗。1278年农历四月，宋端宗在今广东雷州湾外的一个小岛上病死，其七岁的弟弟被拥立为皇帝，这是大宋的最后一个皇帝。历史上，末代皇帝常常都是小孩，国运尽时，皇室的小孩子也逃不过陪葬的命运。

起了连锁反应。大臣们都来上书，不是请求杀了他，就是要求流放他，流放的地点一个比一个远。谢太后看众怒难犯，只好说："行啦，行啦，别吵吵了，把贾相安置到循州（今广东龙川）好了。家产充公，作为抵抗元军的经费。"说完看了看大臣们。大臣们不好再嚷嚷，遵旨退出。

流放就得有人押送，何况还不近。这时，度宗的亲爹、小皇帝的亲爷爷福王站了出来，推荐了郑虎臣。福王平时就痛恨贾似道，而郑虎臣的父亲曾被贾似道流放。这其中的意图，大家心知肚明。

于是，一大伙人上路了。这一大伙人除了郑虎臣和贾似道，还有贾似道的一帮姬妾，以及给贾似道抬轿子、搬家的工人。

走了一段，郑虎臣生气了。这老头儿，被流放还这么神气，带着女人，坐着轿子，舒服得跟家庭组团旅行似的，我得收拾收拾他。于是说："贾相爷，您艳福不浅啊，罢官了还有这么多红颜知已跟着，羡慕啊。"

"郑老弟你客气。你要是觉得寂寞，就挑三四个，咱们一路一起逍遥快活。"贾似道出奇地客气。

庙堂真相

贪官的世界旁人不懂

唐代大贪污犯元载抄家时被抄出胡椒几百石，胡椒在当时要靠进口，价格昂贵，谁家一年里能吃几克那就是小康水平了。北宋蔡京抄家时被抄出蜂蜜五六百斤，蜂蜜在当时也是奢侈品，苏轼吃蜂蜜，每次都像小老百姓吃鱼翅一样珍惜。北宋童贯家中藏了药物理中丸几千斤。到贾似道这里，被查抄出白糖几千缸。谁都不明白，这些贪官除了金银财宝外，要这么多永远不可能消耗完的奢侈品是什么心理？

“不必，我可没那闲心。”

郑虎臣又说：“您看，这一大帮女人跟着，我们速度太慢，就让她们都回去吧。”不等贾似道答应，大喝一声：“相爷有令，你们都回去吧。”说着抽出了刀。侍妾们一看，纷纷跑散了。

走了一段，郑虎臣看了看贾似道的轿子，有点不怀好意地说：“相爷，您看您坐着享受，我们陪着晒太阳，这有点不大好吧。您这么大年纪，让您走路有点难为您，我看就把这轿顶给去了吧，也给伙计们省省力。”说完，不等贾似道回答，就掀了轿顶。

走着走着，郑虎臣又说：“相爷，您知道我是谁吗？”贾似道被晒得难受，没气力说话，就摇了摇头。郑虎臣的声音低沉了下来，一字一句地说：“相爷，十几年前您不顾一个姓郑的人一家老小的死活，把他流放到了偏远地区，您还记得不？”

贾似道又摇摇头。郑虎臣说道：“是啊，您流放了无数的人，一个小官员，您哪里还记得？不过我记得，他是我爹。”说着，怒气上来了，哐的一声，抽出了刀。

贾似道看出来了，这次他是在劫难逃。郑虎臣接着说：“贾相爷，您倒是说话啊，哈哈。杀了您，脏了我的刀。您就自杀得了。”

社会风情

养生秘方独睡丸

有个叫包恢的官员，八十八岁了，还精神矍铄、身体健壮。贾似道见了，特意向他请教养生长寿秘方。包恢说：“我是有一服丸子药，乃不传之秘方。”贾似道很兴奋，赶紧追问秘方，包恢缓缓地说：“我吃了五十年独睡丸。”“独睡丸”，就是不近女色的意思。满座大笑。

再不说话，恐怕活不过今天。贾似道舔舔嘴唇，咽咽口水，说道："谢太后答应过我，不会让我死，除非她亲自下诏书。你可不要公报私仇，滥杀大臣。"

"滥杀大臣？你说说，你滥杀过多少大臣？还好意思说滥杀大臣。"郑虎臣火了。

又一路无话起来。郑虎臣不时瞪着眼睛看贾似道。贾似道被看得毛骨悚然，就闭着眼睛。"唉，虎落平阳被犬欺，我这么大年纪了，该玩的都玩了，该享受的也享受了，得，我吞药自杀得了。"于是，他掏出了带在身边的冰脑，一股脑儿全吞了下去。

但贾似道不知道，用这东西自杀得就着酒吞下去，不然只会拉肚子。走到漳州木棉庵时，他就憋不住了，说要上厕所。

郑虎臣一看，心想："这老头儿不会要趁机逃走吧。也好，他逃，我就说他试图逃跑，追赶之下不小心杀了。"如此郑虎臣便点头同意了，跟了进去。

郑虎臣出来时，刀上已沾满血。他掏出几两银子扔给轿夫们说："你们去吧。不用你们了。"

一代权臣贾似道就这样被弄死了。

向历史借智慧

不要轻易破坏规则

最后关头，贾似道终于想到朝廷法律，想以法律来保护自己，却不知道，法律在多年之前已经被自己破坏殆尽——早先破坏规则的人，都是特权阶层，都是为了从中获得好处，然而规则一旦被破坏，就会有越来越多的人挤进来，裂缝变成豁口，之后规则全无，最后，每个人都会感受到规则全无带来的伤害，就连最先破坏规则的人也不能例外。这也是不断强调法律要"铁面无私""王子犯法与庶民同罪"的原因。

“宋张弘范灭宋于此”

祥兴二年（公元 1279 年）正月，张弘范得知南宋流亡政府的军队主力在广东崖山，便率领军队赶了过去。当时，张弘范的军队才几万兵马，而南宋小朝廷有军民二十万。而且，张弘范的军队不怎么懂水战。

“不可硬碰。”张弘范这么想道，“虽然南宋军队一路屡被击溃，但逼急了，就会跟你拼命，战斗力就会上去。先拖一拖，派几个人去劝降看看，等水军到了再作打算。”张弘范打定了主意。

张弘范连续派了几个人去劝南宋军队统帅张世杰投降，遭到了严词拒绝。他又派人到崖山喊话：“你们的两个丞相，陈宜中跑得不见踪影，文天祥就在我们手里，你们没有希望了，赶快投降吧。”

“你们这些狗汉奸，去死吧。我们坚决不投降。”小朝廷的军民不为所动。

劝降不成，只有强攻了。

庙堂真相

张弘范

张弘范（1238—1280），汉人，但跟宋朝没有交情，他出生在金国，跟金国也没什么交情，蒙古灭金前，他父亲就在蒙古军队中服务。张弘范十八岁上战场，在战争中立下战功，蒙军围困襄樊时，张弘范再立奇功，1272 年，他以副总指挥的身份亲领士兵进入樊城与宋军进行巷战。1278 年，忽必烈破格任命他为清剿南宋流亡政府军的大元帅，并赐尚方宝剑。1280 年，张弘范因病去世。

张弘范去高处看了看张世杰的布阵。只见海面上足有一千多艘船，密密麻麻，面海背山，一字摆开。船与船之间系着绳索，紧紧连结在一起。四面立起桥楼、栅栏，形成了一个自成体系的水寨。中间一条大船，装饰不同一般，想必就是小皇帝的御船了。

“嘿嘿。”张弘范看完一笑。张世杰脑子被驴踢了吧？想这样来死守？不可理喻。张弘范连连摇头。海岸不派重兵守着，我一出击，占了海岸，他就近不了岸，变成半渡形势。敌人半渡而出击，我必胜，敌必败，张世杰有没有读过兵书和战争案例啊？张弘范又摇摇头，叫来人：“把崖山出海口给我抢过来。”

“我占了出海口，你们也不能上岸取淡水了。没有水，你们还不成了死鱼一条？我想怎么收拾就怎么收拾。哈哈，张世杰啊张世杰，我怎么觉得我有点胜之不武呢？哈哈。”张弘范的脑子快速地思考着战法及其后果。

船与船这样相连，岂不是成了曹操的赤壁船阵，我也来放一把火，火烧崖山，灭你大宋，青史留名。哈哈，张世杰啊张世杰，你就等着挨烧吧。张弘范有点瞧不起张世杰了。他便命令士兵准备火战物品，以待进攻。

社会风情

不流血死刑

在蒙古人看来，只有不流血而死才可以得到超度。不流血死刑是一种绞刑，把人的四肢用绳子拴到木架上，将人整个倒栽葱，绳子套系在脖子上，绳子的另一端绑着一块巨石，随着人像壁虎一样倒倾，重石落下的时候，人就可以不流血而亡，保有全尸。

张弘范还是小瞧了张世杰，第二天火攻，一点效果也没有。原来，张世杰早有防备，把船身都涂上了灰泥，船舱准备了黄土，随时灭火。两边又安排士兵拿着长木棍，火船稍稍靠近一点，就撑开。元军一点便宜也没占到。

那就另想办法。张弘范下令退兵，暂停攻击，只对南宋军队形成战略包围。月底，元军大批战船赶到，广州的李恒也带兵前来助攻。

“太好了，李恒，有你前来，咱们就是强强联手，打他个人仰马翻。哈哈。”张弘范想到了对策。“咱们来个南北夹击。你看，我们占了海岸，宋军没有柴火，没有淡水，听士兵说，他们这几天吃干粮，喝咸水，胆汁都快吐出来了。咱们就趁他们疲惫、虚弱，一举消灭了他。”

李恒二话没说，很愉快地接受了指令，并请示怎么个南北夹击法。“你就利用早上退潮，海水变浅，从北面直攻水寨。我率领船队在南面夹攻他们，让他们不得休息，累也要累死他们。”张弘范说出了战法。

第二天，海面风雨交加，天色幽暗，元军一大早就发动了突

庙堂真相

“临危一死报君王”

“无事袖手谈心性，临危一死报君王”，是后世学者对宋末知识分子发出的最猛烈抨击。这句话出自清初大儒颜元，意思是南宋官员们，平时装模作样读圣人书、学圣人言，以天下为己任，其实都是空谈，真到了国家有难、需要他们的时候，却毫无办法，只能没出息地自杀。颜元指出：今天下兀坐书斋人，无一不脆弱，为武士农夫所笑者，此岂男子态乎？——社会需要分工，但过分重文轻武，国家也很危险。

然攻击。大家都知道这是最后一战，战斗非常激烈，短兵相接，肉搏上阵，场面异常惨烈。

中午，海面涨潮，海滩变深，李恒一军退下，张弘范又随潮从南面攻过来。张世杰刚想休息吃点东西，见状急忙调集部队迎战。南宋军队两面不停作战，不得休息，身心疲惫。战到黄昏，南宋全线溃退，一大批将领投降。

张世杰一看形势已坏，知道打败元军已没有希望，便斩断绳索，带领十几艘船突围了出去。

南宋小皇帝的船过于庞大，不好动弹，无法突围。眼看大势已去，大臣陆秀夫对皇帝说："皇上，咱们就为国捐躯吧。"于是背着小皇帝投海而死。南宋王朝至此彻底覆灭。

张世杰得知小皇帝已死，心里无限绝望，就任船队随风飘荡，后遭遇飓风而死。

张弘范打败了张世杰，灭了南宋，心里很是得意，派人在崖门的巨石上刻下了"张弘范灭宋于此"七个大字。后来，有个秀才看着很不舒服，就在这七个字的前面加了个"宋"字，变成了"宋张弘范灭宋于此"——张弘范虽不是宋朝人，但是汉人。汉人不

野史秘闻

"谁知三百余年后，寡妇孤儿亦被欺"

宋初太祖取天下，南唐后主李煜降为人质，三百年后，南宋少帝为元所掳；北宋政权，取之于后周孤儿寡母之手，三百年后，元朝又从南宋孤儿寡母手里夺走政权。所以有人写诗说："当日陈桥驿里时，欺他寡妇与孤儿。谁知三百余年后，寡妇孤儿亦被欺。"

帮汉人也就算了，却投靠异族，带人灭了以汉人为主体的南宋，还如此炫耀地刻石铭记，丧心病狂，真是汉奸中的汉奸——秀才想以此来羞辱张弘范。

这几个字一留就是一百年，直到明朝建国后，才有人将它全部铲去。

向历史借智慧

香消玉殒有谁怜

大宋从公元960年建国，到1279年彻底灭亡，享国三百二十年。前期阳光和煦，堪称历史上最美好的时光；后期阴霾满天，是一段充满压抑和磨难的岁月。历史上所有的王朝，都是善始容易、善终难，汉、唐、宋、明、清，都是如此，到了王朝后期，都是满目疮痍。一个人可不能像一个王朝那样，不然晚年就太悲惨了，做人应该越活越精彩，少壮多努力，老大不伤悲。

忽必烈五劝文天祥

公元1279年，崖山之战后，南宋的宰相文天祥被押到了大都（今北京）。忽必烈想劝降文天祥，就把他软禁起来。

文天祥是个意志坚硬如铁的人，忽必烈想要改变他的价值观，难于登天。不过忽必烈是个迎难而上的人，在他的安排下，对文天祥的劝降活动先后有五次，当然，还不包括各种各样的人写给文天祥的各种各样的信。

第一次派出去的人叫留梦炎，当初临安被围时投降元朝的一名宰相。忽必烈以为两人都是状元，又都当过宰相，可能会有共同语言。

但忽必烈错了，留梦炎跟文天祥只谈到状元交情，还没有谈到宰相的时候，文天祥就指着他的鼻子臭骂："我看你死后如何有脸见江东父老！"

忽必烈见同志关系不能让文天祥感动，那么，上级总可以让这个忠君分子回头了吧。他派出了已是废帝的宋恭帝。文天祥一

名臣风骨

文天祥的幽默

文天祥决心以身殉国，手下人说："您先死，我们随后跟来。"文天祥讲了个故事："有个叫刘玉川的读书人，未中状元时与一妓女相好，妓女为了他，连生意都不做了。后来刘玉川中了状元，看不起这个妓女，骗她说，国家规定，状元不许与妓女来往。妓女不同意，刘玉川拿出一瓶酒，放了毒药进去，说，我与你一同殉情，你先喝。妓女喝了，随即而死，刘玉川却没有喝，高兴地去当官了。"

见到这位被废的皇帝，马上就伏地痛哭，乞求圣驾南归重整河山。宋恭帝才九岁，他知道什么？看到文天祥老泪纵横，他也跟着哭起来。结果劝降行动成了感情宣泄大会。

忽必烈想，既然同事与上级都拿不住文天祥，那就来点外行的。第三次派去的是宰相阿合马和孛罗。这两个人其实是不愿意去的，他们带着胜利者的姿态想去羞辱文天祥一番，结果在文天祥那里自然又是讨了个没趣。

第四次，忽必烈想用亲情打动文天祥，他让人把文天祥的两个女儿带来，一家人抱头大哭，但文天祥仍没有犹豫彷徨。最后一次，他老婆来劝他，他说："你不是我老婆，如果真是，你现在就该去死，干吗还来劝我？"

"这个死不开窍的书呆子！"忽必烈有些震怒了，但还是爱惜文天祥，不肯杀他。文天祥也很有耐心地在监狱里等着，这一等就是三年。三年中，他强忍国破家亡的痛苦，写下了不少不朽诗篇。到 1282 年时，忽必烈突然心动，又想起了文天祥，决定亲自出面劝降。

文天祥对忽必烈也长揖不跪，忽必烈笑笑，没有强迫他下跪，

野史秘闻

留姓子孙清白证明

大臣留梦炎降元，极力主张杀了文天祥，因而名声极臭，时人评价是："两浙有梦炎，两浙之羞也。"明朝推翻元朝、夺得天下后，规定只要是留梦炎的子孙都不能参加科考，所有姓留的人参加科举考试，必须要出示一份"并非留梦炎子孙"的证明材料。

只是说：“你很有骨气，我很欣赏你，只要你投降，像效忠南宋一样效忠于我，我可以任命你为丞相。”

文天祥的反应比较冷淡，回答说：“我是大宋宰相，国家灭亡了，我有责任，我只求快点死，不求荣华富贵。”

忽必烈没受过这种待遇，有点生气地问：“那你想怎么样？”文天祥接口答道：“我只求一死！”

忽必烈彻底对文天祥失望，不久就下令处死了他。

向历史借智慧

时穷节乃见

文天祥作为末代宰相，其实并没来得及真正行使宰相的职权，他虽然二十来岁就开始做官，但在风雨飘摇、奸臣当道的南宋末期，也从来不曾得到重用，反而是时不时地被免职。然而，就是这样一个和大宋朝并无多深交情，更没受过朝廷多大好处的人，在国家危急时挺身而出，国破家亡时又一心殉国，这样的骨气，受到了历代人们的尊敬和赞扬。时穷节乃见，什么人真正对你好，是你的益友良师，危难时刻就可以一目了然。

图书在版编目（CIP）数据

一口气读懂中国史／将进酒·黄 著．—北京：东方出版社，2020.1
ISBN 978-7-5207-1206-4

I．①一… II．①将… III．①中国历史－古代史－青少年读物
IV．① K220.9

中国版本图书馆 CIP 数据核字 (2019) 第 198578 号

一口气读懂中国史·南宋故事
(YIKOUQI DUDONG ZHONGGUOSHI · NANSONG GUSHI)

作　　者：将进酒·黄
责任编辑：辛春来
出　　版：东方出版社
发　　行：人民东方出版传媒有限公司
地　　址：北京市朝阳区西坝河北里 51 号
邮　　编：100028
印　　刷：三河市嘉科万达彩色印刷有限公司
版　　次：2020 年 1 月第 1 版
印　　次：2020 年 1 月第 1 次印刷
印　　张：70（全 10 册）
开　　本：880 毫米 ×1230 毫米　1/32
字　　数：1570 千字（全 10 册）
书　　号：ISBN 978-7-5207-1206-4
定　　价：268.00 元（全 10 册）
发行电话：(010) 85924663　85924644　85924641